A SEGUNDA CRISE DE LISBOA

TÍTULO
A segunda crise de Lisboa: uma metrópole fragilizada

COORDENAÇÃO
Ana Drago

AUTORES
Ana Drago, José Reis, José Castro Caldas, João Ramos de Almeida,
Ana Cordeiro Santos, Nuno Teles, Catarina Frade, Raquel Ribeiro,
Simone Tulumello, Luís Mendes, Nuno Grande, Renato Miguel do Carmo

CONJUNTURA ACTUAL EDITORA, uma chancela de Edições Almedina
Avenida Emídio Navarro, 81, 3D, 3000-151 Coimbra

REVISÃO
Ana David

CAPA
FBA

PAGINAÇÃO
Patrícia Boleto

IMPRESSÃO E ACABAMENTO
????????
outubro 2022

DEPÓSITO LEGAL
??????/22

Biblioteca Nacional de Portugal – catalogação na publicação

DRAGO, Ana, 1975-

A segunda crise de Lisboa : uma metrópole
fragilizada. - (Observatório sobre crises e alternativas)

ISBN 978-989-694-701-9

CDU 316

A SEGUNDA CRISE DE LISBOA

uma metrópole fragilizada

ANA DRAGO

Observatório sobre
Crises e Alternativas

ACTUAL

Índice

INTRODUÇÃO

AML, a metrópole vacilante

Ana Drago

Os textos que compõem este volume surgiram simultaneamente de uma conversa que se vai alongando no tempo e de uma interrogação mais imediata. A conversa consiste na investigação e análise crítica que têm guiado o trabalho do Observatório sobre Crises e Alternativas do CES, sempre feito a várias mãos, em torno das mudanças nas políticas públicas, nas configurações institucionais e nas dimensões sociais e económicas que recontam a trajetória da sociedade portuguesa ao longo da última década. Já a interrogação foi, em certo sentido, mais recente e quase impositiva. O seu pretexto surgiu perante a surpresa com que enfrentámos os últimos dois anos, inquietando-nos quanto à evolução e às consequências da pandemia da covid-19 na sociedade portuguesa.

Subitamente, a perspetiva da crise regressava e a pergunta central que se impunha era que *tipo de crise* iríamos agora enfrentar. Apesar de caminharmos sobre incertezas, a resposta a essa interrogação foi-se tornando, se não totalmente explícita, pelo menos mais discernível. Em primeiro lugar, era percetível que enfrentávamos não uma, mas múltiplas crises, que rapidamente se entrelaçaram num cenário marcado por algumas pinceladas de distopia. No que, por economia da linguagem, passámos a apelidar de *crise pandémica* cruzaram-se uma crise de saúde pública, uma crise económica e uma crise social. Em segundo lugar, percebíamos que os efeitos destas diferentes crises, amalgamadas sob o mote da pandemia, se iam fazendo sentir de forma assimétrica e desigual numa estrutura política, social e económica que resultara ela própria de um outro processo político, anterior, nascido também ele de um feixe de crises – a crise financeira de 2008; a crise política das «dívidas soberanas» na Zona Euro, a partir de 2009; e a profundíssima crise social e económica que marcou a implementação da agenda de austeridade em Portugal, nos primeiros anos da década passada. Trabalhávamos, portanto, numa hipótese de conceptualizar a pandemia como a «segunda crise», e a sua análise exigia que observássemos o modo como esta se articulava com o conjunto de constrangimentos e fragilidades que havíamos herdado da «primeira crise».

O passo seguinte consistiu em equacionar a Área Metropolitana de Lisboa como escala para este exercício analítico e reflexivo. Tudo indicava que a configuração específica da AML – os seus modelos prevalecentes de trabalho, as formas organizacionais e o peso de diferentes atividades económicas, a densidade populacional e a mobilidade em espaço urbano, bem como as desigualdades que lhe conhecemos no campo da habitação – pareciam colocá-la numa posição de especial fragilidade no contexto das restrições trazidas pela pandemia.

A hipótese aqui analisada a várias mãos é que a crise pandémica foi (também) uma *crise urbana*, com um impacto significativo e assimétrico sobre o tecido social da metrópole. Foi uma crise urbana, desde logo porque o choque da pandemia foi vertido sobre um território com características de densidade, mobilidade e trabalho que o tornaram obviamente vulnerável ao esforço de restrição de contactos e contágios. Mas foi também uma crise urbana porque esse choque se abateu sobre uma estrutura socioeconómica marcada por desigualdades e fragilidades acumuladas – umas que perduram no tempo longo da própria estruturação metropolitana;

outras que se impuseram mais recentemente, no ciclo recessivo da última década. Nesse sentido, e como os diferentes olhares aqui reunidos dão conta, a pandemia é mais do que ela própria. A crise que nasceu enleada na «grande paragem» de 2020 correu «por cima» de uma configuração socioterritorial que evidenciava já sinais de um trajeto de desqualificação da atividade económica, de vulnerabilização das formas de trabalho e de crescimento das desigualdades na habitação ao longo da última década.

Note-se que a metrópole – como perspetiva de inquirição e foco de análise – não é aqui tomada como se de uma fronteira irremediável se tratasse. Pelo contrário, é antes uma instância de análise de processos e dinâmicas que ora transcendem a escala metropolitana em lógicas nacionais e/ou transnacionais, ora se particularizam no seu interior de forma assimétrica.

Contudo, a opção pela metrópole não foi teoricamente neutra. Não por acaso, a partir dos anos 80, o urbano tornou-se, simultaneamente, conceito/escala progressivamente central na teoria crítica para ancorar uma leitura analítica da reestruturação do capitalismo contemporâneo. De uma vasta literatura que se tem vindo a fazer o campo disciplinar dos estudos urbanos, vale a pena destacar as abordagens propostas por Harvey, de urbanização do capital no final dos anos 80, mais tarde retomadas na análise de Brenner no contexto da Europa ocidental, que mostraram que as políticas urbanas lançadas na sequência da crise da segunda metade dos anos 70 não deviam ser lidas como meras «políticas de cidade» ou como uma especificidade territorial de um modelo central de governação estatal. Quase que invertendo a equação, Brenner mostrava que foi (também) pela escala urbano-regional que se desenrolou o processo de reconfiguração do Estado no final do século XX e que o modelo de regulação dito pós-keynesiano se entrincheirou nas economias europeias (Harvey, 1989; Brenner, 2004). O urbano ganhou, assim, um valor de uso para dar conta do relançamento do regime de acumulação em novos termos.

Esta proposta teórica tem algumas consequências relevantes. Em primeiro lugar, obriga a olhar a transformação do Estado na sua relação com o território e o capital transnacional por um prisma transescalar. O mesmo processo que reorganizou uma nova distribuição do trabalho à escala global, e que se traduziu na desindustrialização e terciarização das economias europeias, implicou igualmente que a escala metropolitana ganhasse uma nova relevância no relançamento de um regime de acumulação assente na imbricação entre o sector financeiro e o sector imobiliário e nas tentativas de ancorar serviços altamente especializados nas economias urbanas. Nesse processo, como sabemos, o Estado redesenhou-se num duplo sentido – retraiu-se nas funções de regulação e em alguns domínios de provisão pública, abrindo campo a novos mercados; e articulou-se com os sectores privados, procurando, simultaneamente, atrair investimentos na competição entre metrópoles à escala transnacional e participar na própria articulação dos circuitos globais do capital. Em segundo lugar, esses processos organizaram-se em torno do que Harvey nomeava como o «urbanismo empreendedor» que abriam espaço à articulação público-privado na reinvenção dos espaços de produção e reprodução social, em ciclos rápidos de destruição-criação de áreas urbanas, atividades económicas e formas de habitar, e que abrangeram a criação de novas infraestruturas e/ou processos de regeneração urbana. Note-se que a questão não é que onde antes se erguiam fábricas e armazéns se avolumaram depois condomínios de luxo, espaços de consumo cultural e/ou edifícios de escritórios, para acomodar o número crescente de trabalhadores dos sectores dos serviços financeiros e especializados. A questão é que, nesta viragem, a «cidade» se torna ela própria um modelo de negócio, vista como potencial «ativo» e passível de gerar novas rentabilidades, que vão bem além das funções tradicionais de espaço de produção e de consumo que a «cidade» sempre assumiu historicamente. A nova governação urbana empreendedora orienta-se com particular apetite para a produção e/ou rentabilização imobiliária, que se alimenta, a partir dos anos 80, quer da promoção do consumo lúdico-turístico da própria imagética e património do espaço público citadino, quer da retração/privatização da provisão pública de habitação. Estas políticas fizeram do acesso à habitação um dos principais motores da financeirização das economias nos últimos 40 anos. Esse processo, como sabemos, esteve na origem da Grande Crise Financeira de 2008 e, mais de uma década depois, tornou-se uma dimensão fundamental nas desigualdades urbanas que dividem classes sociais e gerações. Por fim, em terceiro lugar, esse foco num modelo de crescimento desenhado pela rearticulação de escalas – direcionando as economias urbano-metropolitanas para um determinado modelo de competição à escala global – não pode deixar de ser lido como a morte política da governação de matriz nacional-desenvolvimentista que marcou o pós-guerra, pensado e institucionalmente desenhado de forma central para a promoção da redistribuição socioespacial e da coesão territorial. O fim desse modelo assinala o esgotamento das práticas de planeamento económico e territorial que guiaram as democracias europeias em torno dos objetivos de desenvolvimento em escala nacional. Essa mudança deve ser lida como uma reformatação não apenas da substância da política estatal, mas da própria «forma» do Estado – é, em si mesma, um processo de reescalonamento do modelo de governação.

À luz destas propostas teóricas, a questão que se coloca é se, também no contexto português, a cidade-metrópole assumiu esse papel de espaço-processo privilegiado no relançamento de um regime de acumulação. É certo que a desdiferenciação ou transnacionalização das políticas urbanas que vivemos nas últimas décadas deixa poucas dúvidas sobre a adequação desta leitura ao quadro nacional. No final do século XX, também a AML foi palco de projetos de regeneração urbana de antigas áreas industriais que seguiram o cânone da aliança entre a promoção de eventos culturais de grande envergadura e angariação de investimentos imobiliários de larga escala, que participaram nessa reinvenção da cidade. O projeto da Expo 98 e a nova área urbana que daí resultou são um exemplo quase paradigmático, com uma ambição jamais replicada em território nacional.

Contudo, no novo século, o tempo dos grandes projetos de renovação urbana pareceu esgotar-se. Isso não implicou estagnação.

Pelo contrário. Mesmo sem propor um projeto mobilizador ou sequer uma retórica de renovação urbana modernizadora e cosmopolita, o ciclo que se seguiu foi marcado por transformações sociais e económicas de enorme amplitude. É, aliás, na sequência da crise 2011-2013 que a metrópole é colocada no centro de uma estratégia de relançamento de crescimento da economia portuguesa. O que aqui apelidamos de *primeira crise,* e o que esta implicou na reconfiguração do perfil de especialização da economia portuguesa no pós-Grande Crise Financeira, foi, em parte, uma história que foi escrita nos bairros, nas casas e nas ruas da metrópole.

A «primeira crise» e a metrópole: o modelo «puxado por ativos» (*asset-led*) de relançamento económico

No contexto da crise política das «dívidas soberanas» na Zona Euro, o Memorando de Entendimento assinado entre Portugal e as instituições internacionais perdura como um momento fundamental para interpretar a reconfiguração da economia portuguesa ao longo da última década. Implementado em Portugal de forma assertiva a partir de 2011, o programa de ajustamento impunha não apenas medidas de austeridade de curto prazo, como desenhava igualmente um roteiro político para o relançamento da economia portuguesa, periférica e endividada. Essa proposta estabelecia como objetivo primeiro a «desalavancagem» da dívida pública (e privada) e propunha um mecanismo para um «financiamento sem dívida», como se lhe referia Castro Caldas, que consistia, fundamentalmente, na atração de capital transnacional. Num contexto competitivo, a receita para a sedução desse investimento estrangeiro assentava numa dupla estratégia: desvalorizar o valor do trabalho; e alienar/rentabilizar ativos.

Como sabemos, a estratégia de desvalorização interna foi posta em marcha por via das medidas de redução e/ou compressão salarial e pela fragilização das relações de trabalho, eliminando direitos do trabalho e erodindo a contratação coletiva como instrumento de qualificação das relações laborais e valorização salarial. A promessa inscrita nesta estratégia consistia em identificar a redução dos custos do trabalho como o mecanismo que permitiria, por si mesmo, ganhos de competitividade da economia nacional em contexto internacional, atraindo investimento e criando emprego. Importa notar que a implementação desta desvalorização interna perdura na legislação laboral, indicando que não se tratou de uma medida pontual em contexto de crise de 2011-2013, mas antes da definição de um novo modelo de economia política, ainda vigente. Como sabemos, essa desvalorização incrustou-se na economia e perdura na crescente precariedade dos que, ao longo da última década, ingressam ou regressam ao mercado de trabalho (Castro *et al.*, 2020); na estagnação salarial que se eterniza, que explica a inamovibilidade do salário médio e a perda do peso dos salários na repartição da riqueza nacional (Reis *et al.*, 2022); e ainda na reconfiguração da estrutura de emprego – no chamado ciclo de recuperação pós-2014 – por via do crescimento de atividades assentes em baixos salários (Drago, 2021). Já a segunda estratégia apontou para a alienação e rentabilização de ativos patrimoniais, como forma de atrair investimentos e procuras externas. Esta avançou num primeiro momento pela própria mão do Estado, com os amplos processos de privatização de serviços e infraestruturas ao capital transnacional; e prosseguiu, num segundo momento, pela integração do mercado imobiliário e habitacional português nas dinâmicas transnacionais e pela promoção da procura externa no turismo, que assenta exatamente na rentabilização de imobiliário, património e território.

Em 2022 assinala-se precisamente uma década em que alguns dos principais instrumentos que guiaram a modelação desta estratégia de relançamento da economia portuguesa foram criados e, note-se, todos eles se mantêm atualmente em vigor. Foi exatamente em 2012, o ano seguinte à assinatura do Memorando de Entendimento, que foram postos em marcha três regimes legais que se revelaram fundamentais: 1) as alterações ao Código de Trabalho que impuseram a desvalorização do preço do trabalho extraordinário, a facilitação dos despedimentos e a fragilização da capacidade negocial do trabalho organizado, pela desestruturação da contratação coletiva; 2) o Novo Regime de Arredamento Urbano, que «libertou» um amplo *stock* habitacional nos centros urbanos, pela diminuição dos direitos dos inquilinos e pela criação de novos mecanismos de despejo; 3) e a criação das Autorizações de Residência para Investimento, vulgo «vistos gold», que se revelaram valiosas na captação de investimento estrangeiro para o mercado habitacional e imobiliário. Conjugados, estes instrumentos desenharam um modelo de crescimento puxado pela relação entre desvalorização do trabalho e valorização de ativos que teve um impacto muito significativo nas áreas metropolitanas e, em particular, na AML.

Como discutimos num outro momento, o cruzamento destas estratégias promoveu um ciclo (de reforço) da *internacionalização sitiada* da economia portuguesa (Drago, 2021). Chamámos-lhe *sitiada* pela relevância do contexto institucional da economia política da Zona Euro, que retirou ao Estado português os instrumentos necessários à implementação de uma política de requalificação do modelo produtivo português. Na arquitetura do Euro e do Mercado Único, as políticas económicas e orçamentais surgem cercadas e limitadas; e, obviamente, o próprio instrumento monetário e cambial está vedado. Mas a imagem de uma economia *sitiada* advém igualmente da especificidade das atividades, exportações e/ou dos sectores que prosperaram no ciclo pós-2014, e que dependem da alienação ou rentabilização de ativos que, por natureza, estão «presos no território» – o imobiliário e o turismo.

A recomposição do peso das atividades económicas e da estrutura de emprego a partir de 2014 deixam poucas dúvidas sobre a relevância deste novo modelo de crescimento. Por um lado, o VAB do imobiliário cresceu cerca de 32% entre 2008 e 2019, mais do que qualquer outra atividade económica; e a valorização dos ativos imobiliários fica demonstrada pela liderança de Portugal na subida de preços da habitação na Zona Euro entre 2015 e 2020. Sabemos hoje que o mercado habitacional português, muito em particular nos espaços metropolitanos, é um caso paradigmático dessa metamorfose da habitação em «transacionável» induzida pela transnacionalização do investimento imobiliário, que se reforçou depois da crise de 2011-2013. Por outro lado, a relevância do turismo é patente nas taxas de crescimento do sector que, de 2015 até 2019, cresceram sempre acima do conjunto da economia; e, principalmente, pelo volume de novo emprego criado de 2014 em diante. A economia portuguesa apostou em exportar o que não sai do lugar, o que nos parece dizer algo importante sobre os sectores industriais de bens transacionáveis no contexto da moeda e do mercado únicos.

Para a nossa discussão, importa notar que este modelo de reforço da internacionalização sitiada teve um impacto muitíssimo significativo na AML e na capital, em particular. Em primeiro lugar, a (pouca) informação disponível sobre os regimes especiais de atração de investimento estrangeiro para o imobiliário mostram que os «vistos gold» se localizaram esmagadoramente na AML. Em segundo lugar, e como vários autores têm vindo a apontar, a expansão do turismo teve igualmente um impacto significativo na AML, não só pelo crescimento exponencial do número de visitantes, como pelo desvio do *stock* habitacional para alojamento turístico – no final de 2019, cerca de ¼ dos cerca de 100 mil alojamentos locais registados em Portugal estavam localizados na AML (cerca de 25 mil) e, desses, 20 mil no concelho de Lisboa. Ora, foi no contexto deste modelo desequilibrado que chegou a «segunda crise».

A «segunda crise» correu por cima dos efeitos da «primeira crise»

De março de 2020 a meados de 2021, a metrópole vacilou. Evocada território de encontro e sociabilidade, copresença e densidade, emergia agora como espaço ameaçador de contágio. Nos primeiros meses de confinamento, as imagens distópicas dos grandes centros urbanos esvaziados de gente trouxeram os debates, recorrentes na imaginação sobre o urbano em momentos de crise, que recolocavam a possibilidade de retração do grande movimento histórico de urbanização. Dois anos passados, esses prognósticos parecem já algo ultrapassados. É certo que se mantêm dinâmicas e lutas pela reinvenção e fruição dos espaços urbanos, por novas formas de mobilidade, e que a experiência massiva do teletrabalho coloca hoje outros desafios ou inventa novas figuras translocais que quebram o laço entre espaços de trabalho e de residência, como o nómada digital.

Contudo, o debate sobre a sustentação da configuração socioeconómica da metrópole prevalece. No contexto da AML, esse debate exige convocar múltiplos pontos de mira – economia, trabalho, habitação, planeamento urbano, desigualdades intrametropolitanas e novas formas de luta política que emergem e fazem hoje o quotidiano da AML. Em certo sentido, é isso que fazemos neste volume: «ir atrás» e propor uma leitura que articula a estrutura socioeconómica nascida da primeira crise com os efeitos da segunda crise, para dar conta do presente pós (?) pandémico na metrópole.

Assim, no primeiro capítulo, José Reis aborda essa trajetória metropolitana a partir de uma análise da «economia política prevalecente na AML» – um processo que articulou, em tempo longo, a subordinação à economia política da União Económica e Monetária, ainda nos anos 90; os processos de desindustrialização e financeirização que arrancam nessa última década do século XX; e o processo de desqualificação do perfil da economia metropolitana que se acentuou no contexto da austeridade, na década de 2011 a 2021. Em torno dessa evolução mais recente, Reis mostra como a AML se destaca hoje no contexto nacional como a região que na última década acumulou sinais evidentes de retrocesso social e económico. Por um lado, o crescimento populacional da AML fez-se pelo reforço da suburbanização residencial, com acréscimos significativos de residentes nos concelhos da coroa periférica da metrópole, ao mesmo tempo que o centro metropolitano – Lisboa –

perde população. Por outro lado, a AML é palco de uma relevante desqualificação da sua capacidade económica ao longo da última década: é a única NUT III em que o poder de compra *per capita* reduz a sua diferença face à média nacional; a produtividade das empresas nela sediadas regride em relação ao início da década passada; e a diferença entre a remuneração média na região e a média nacional caiu 4%. Tudo aponta, portanto, para uma reconfiguração do peso das atividades económicas e das formas de trabalho em contexto metropolitano, no sentido de perda de capacidade produtiva e de provisão de bem-estar. Ora, como lembra Reis, este retrocesso metropolitano interroga a relação da AML com o conjunto do país – o «arrastamento negativo» da economia política metropolitana estilhaça o discurso comum que a apontava como motor do crescimento e qualificação económica com efeitos multiplicadores no país. E exige a formulação de um pensamento estratégico no sentido da qualificação das capacidades produtivas, formas de trabalho e provisão de bem-estar territorialmente integrada.

No segundo capítulo, José Maria Castro Caldas analisa com maior detalhe um dos elementos centrais nesse percurso de declínio socioeconómico da AML ao longo da última década, analisando os efeitos da monumentalização do peso do turismo na atividade económica e no emprego da região. Castro Caldas mostra como o crescimento das atividades do turismo implicaram uma alteração de vulto na economia metropolitana, com o novo emprego criado nestas atividades a pesar negativamente, quer na estrutura de rendimentos quer na própria composição da riqueza criada na região. Neste capítulo fica claro, por um lado, a relevância de uma governação que se organizou em torno do cânone do urbanismo empreendedor, que procurou competitividade a partir da promoção de atividades ligadas ao imobiliário, turismo e serviços financeiros, e que explica o retrocesso da produtividade e a própria estagnação salarial da economia metropolitana. Por outro lado, um dos aspetos inovadores desta discussão é a indicação de que este novo peso do turismo tem consequências que vão além do seu efeito direto na produtividade ou nos salários. A hipótese que se coloca, e que merece a atenção futura, é que a dinâmica destas atividades, assentes em relações precárias, baixos salários e fraca produtividade, contamina o conjunto da economia metropolitana, gerando um mecanismo de desqualificação generalizada, que se traduz em perdas de emprego/funções mais elevadas na hierarquia organizacional, caracterizadas por uma maior capacidade produtiva e por melhores remunerações, e que se deslocam para fora do país. Quase que contraintuitivamente, o reforço do turismo internacional, apregoado como um processo de inserção da AML nos circuitos transnacionais das grandes metrópoles, correspondeu, na realidade, a um aprofundamento da perifericidade económica da AML à escala europeia.

No terceiro capítulo, João Ramos de Almeida desenvolve uma análise sobre as medidas de apoio ao emprego e aos rendimentos do trabalho ao longo da sucessão das vagas pandémicas e o que delas resultou na configuração do emprego e desemprego na AML. Ramos de Almeida mostra, através de uma cronologia detalhada, como a gestão dos efeitos da pandemia na atividade económica e no mercado de trabalho se foi construindo através de um conjunto de dispositivos legais que foram sendo sucessivamente ajustados com «*nuances* e adendas», «deslizando» no tempo e criando quadros de resposta algo complexos, nem sempre consentâneos com os objetivos de emergência. Nesta análise ficam claras as três dimensões centrais relevantes para o debate sobre a economia, trabalho e pandemia. Em primeiro lugar, Ramos de Almeida mostra que a prioridade do Governo foi o apoio às empresas em detrimento do apoio aos trabalhadores, o que implicou uma redução significativa das remunerações do trabalho, em particular durante os primeiros confinamentos. Em segundo lugar, e no contexto da nossa discussão, fica igualmente claro que a atividade económica da AML foi particularmente vulnerável no contexto da pandemia, com quebras de atividade a atingir fortemente o sector dos serviços na região e, nesse contexto, os trabalhadores com contratos precários ou por conta própria. Assim, foi na AML que se perderam quase metade dos postos de trabalho do conjunto da economia do país em 2020 e no 1.º trimestre de 2021; e essa retração atingiu com particular violência as atividades que haviam aumentado o seu peso no emprego no pós-2014, como o alojamento e a restauração, os transportes e os serviços de apoio às empresas. Em terceiro lugar, os efeitos dessa retração da atividade económica metropolitana desenharam-se de forma assimétrica dentro da região metropolitana. O panorama de crescimento do desemprego e dos chamados «inativos» revelou o cruzamento da segmentação residencial e da vulnerabilidade no mercado de trabalho ao nível metropolitano. Isto é, o novo desemprego/inativos foi superior entre os trabalhadores que residem em alguns dos concelhos que rodeiam Lisboa e menor na capital; e, tendo resultado principalmente do fim dos contratos a prazo e de despedimentos, o desemprego durante a pandemia atingiu mais duramente os trabalhadores em situações laborais mais frágeis, que foram as principais vítimas da retração da atividade económica.

No quarto capítulo, Ana Santos, Nuno Teles, Catarina Frade e Raquel Ribeiro retomam o debate sobre a imbricação profunda entre habitação, o processo de financeirização da economia portuguesa e a centralidade da AML nesta mesma história. Neste capítulo, os autores mostram de forma clara que a AML é um dos espaços onde os efeitos do modelo de crescimento – que cruzou a liberalização do mercado habitacional e a valorização/alienação de ativos patrimoniais – teve um impacto mais profundo e avassalador, pelos efeitos dos regimes de captação de investimento estrangeiro e procuras externas. Os seus resultados traduzem-se, assim, no reforço da periferização residencial na metrópole; no esvaziamento populacional dos velhos centros urbanos; e numa crise habitacional que se insinua profundamente desigual, do ponto vista social e geracional, e que marca hoje todo o contexto metropolitano. É neste quadro que os autores se debruçam sobre os efeitos contraditórios da pandemia. Por um lado, as medidas de apoio no campo da habitação, como as moratórias de crédito lançadas em 2020, a par da suspensão dos despejos, tiveram uma enorme adesão por parte das famílias e amorteceram o impacto imediato da crise. Por outro lado, o abrandamento dos preços na habitação que deveria acompanhar o efeito recessivo da travagem na atividade económica e a retração dos rendimentos do trabalho não ocorreu. Ora, é esta última dimensão que aponta para a forma como os regimes de atração de investimento dirigidos ao imobiliário, e em vigor, perpetuam um afluxo de procuras externas que distorce o mercado em relação aos rendimentos dos residentes. Esta aparente contradição entre as dinâmicas dos rendimentos do trabalho e o fluxo de investimento imobiliário é o nó de um modelo de crescimento que agrava as desigualdades no campo da habitação, e que pode mesmo reforçar-se no pós-pandemia.

No capítulo seguinte, Simone Tulumello e Luís Mendes discutem precisamente como a questão habitacional metropolitana está no centro dos processos de politização do modelo de crescimento posto em marcha no início da década anterior. Analisando a configuração dos movimentos sociais urbanos na década marcada pelo signo da(s) crise(s), Tulumello e Mendes dão conta da trajetória que liga a emergência dos movimentos e os protestos antiausteridade, no início da década de dez, e a sua evolução e progressiva estruturação em organizações e formas de ação conflitual em torno da crise habitacional. Esse percurso aponta de forma clara para a relação entre a crise financeira e social que eclodiu no início da década passada e como a sua «solução» fabricou uma ampla crise habitacional metropolitana. Tulumello e Mendes fazem uma análise detalhada dos processos de organização de ativistas, dos seus modos de produção de conflito e de conhecimento, das suas estratégias de visibilização e da sua participação numa mobilização mais ampla que, em determinados momentos, foi cruzando agendas da habitação ao direito à cidade, o antirracismo e o combate às alterações climáticas. É deste processo de construção organizativa e mobilização ao longo da década que emerge a resposta dos movimentos sociais urbanos ao contexto pandémico. Desde os primeiros confinamentos, as organizações e os ativistas participam diretamente na resposta social de emergência; e parte da sua agenda – como a suspensão dos despejos, os apoios aos custos habitacionais e o apoio a pessoas sem acesso à habitação – virá a ser consagrada nos instrumentos legislativos postos em marcha pelo Governo como medidas de apoio à população. Mas, como mostram os autores, num quadro em que a crise habitacional e os instrumentos que a alimentam se mantêm, tudo indica que a agenda da habitação acessível e do direito à cidade irá marcar o confronto político na metrópole e no país no futuro próximo.

Analisando a evolução da AML, Nuno Grande reflete sobre os instrumentos de política urbana que guiaram lógicas de planeamento urbano, programas de requalificação e intervenção públicas ao longo das últimas três décadas. Grande nota que, apesar das políticas urbanas dos anos 90 apostarem numa orientação de requalificação urbana – que abrangeu a resposta habitacional (com o PER), os investimentos alavancados por grandes eventos (Lisboa Capital da Cultura em 1994, a Expo 98 e o Euro 2004) e a requalificação nas frentes ribeirinhas fortemente vocacionadas para funções lúdico-turísticas –, a metrópole permaneceu fortemente marcada pela lógica da suburbanização nos concelhos em torno da capital e pelo declínio dos centros urbanos. O ciclo de 2008-2019 não desafiou essa lógica. Sem instrumentos mais ambiciosos e no contexto da nova dinâmica do imobiliário e do turismo na economia metropolitana, as políticas de promoção económica assentes em investimento de reabilitação dos centros urbanos tendeu a alimentar um ciclo de turistificação e gentrificação aceleradas. Nuno Grande assinala que mesmo o investimento público que se dirigiu aos territórios segregados da AML não solucionou a questão do seu enlaçamento no contexto metropolitano. Isto é, não resolveu a promoção de mobilidades interurbanas ou a localização/promoção de habitação acessível. Daqui que, como João Seixas mostrou, se agrave a segregação espacial na metrópole (Seixas, 2021). Já a última e mais recente crise, nascida do choque económico e social da pandemia, configura-se, diz-nos Grande, como incerteza – isto é, como uma crise metodológica, discursiva e política do projeto de cidade-metrópole. Surgem interrogação e estratégias díspares de combate à segregação socioespacial – planeamento especializado e grandes projetos infraestruturais; ou, pelo contrário, a aposta no «urbanismo tácito», assente na pequena escala e na participação? No momento presente, diz-nos Nuno Grande, urge começar por fazer uso dos fundos disponíveis a nível europeu para a promoção de habitação acessível; e enlaçar a metrópole pela promoção da mobilidade coletiva dos transportes públicos, assentes num desenho que rompa a guetização e fragmentação residencial metropolitana.

No último capítulo, Renato do Carmo reflete sobre o conceito de densidade que modelou a nossa perceção da evolução desigual da pandemia no território. Carmo aponta como a questão da densidade, constitutiva da configuração citadina ou metropolitana, é composta quer pelo cruzamento dos modelos prevalecentes de residência, aglomeração habitacional e formas de organização do trabalho, como também pelas densidades dinâmicas, que se traduzem em diferentes relações e mobilidades estabelecidas em micro ou macroescala. Essa conceptualização multidimensional da densidade terá tido o seu momento de maior visibilidade na AML quando 19 freguesias metropolitanas foram destacadas e colocadas em «estado de calamidade», à margem do conjunto da restante metrópole, por se caracterizarem como espaços urbanos com densidades populacionais elevadas, formas de mobilidade assentes no transporte público coletivo e habitadas por trabalhadores em funções que não lhes permitiam o recurso ao teletrabalho. A densidade da metrópole faz-se, portanto, das suas características próprias, das desigualdades e assimetrias que a compõem, mas também da densidade das relações que os seus diferentes componentes estabelecem intra e extra-metrópole. A partir desta reflexão, Renato do Carmo propõe a operacionalização do conceito de vulnerabilidade em torno de três dimensões – suscetibilidade, exposição e cobertura – como forma de guiar as políticas públicas na resposta a cenários de crises que, provavelmente, voltaremos a enfrentar.

Epílogo: uma crise, outra crise e depois

A análise e o debate sobre metrópole nunca se encerram. Aliás, o contexto político e económico em que este trabalho coletivo foi finalizado não aconselha sossego. Desde logo porque o enfrentamento da crise pandémica abriu alguns horizontes de atuação política que importa acompanhar com atenção. O Programa de Recuperação e Resiliência (PRR), criado no contexto europeu para enfrentar debilidades estruturais tornadas (mais) visíveis pela pandemia, estabeleceu alguns instrumentos relevantes para os debates que aqui lançámos. A disponibilidade orçamental para a implementação de parte da Nova Geração de Políticas de Habitação, em particular a operacionalização do Programa 1.º Direito, que visa erradicar as situações de carência habitacional grave, poderá ter efeitos significativos na habitação metropolitana se for cumprido. Lembremos que o diagnóstico em que este programa se apoiou – o inquérito promovido pelo Instituto da Habitação e Reabilitação Urbana em 2018 – apontava que das 26 mil famílias a realojar, perto de 14 mil residiam na AML. O PRR definiu igualmente a necessidade de criação de instrumentos para a erradicação das bolsas de pobreza nas áreas metropolitanas – importa agora saber como se operacionaliza este desígnio. Estes são os elementos, diríamos, mais esperançosos do contexto presente.

Contudo, adensam-se novas nuvens no horizonte. A conjuntura geopolítica, as respostas ao crescimento da inflação e a aparente indisponibilidade política de eliminar os instrumentos que fabricaram uma aposta nacional no turismo e no imobiliário fazem recear a perpetuação da desqualificação da capacidade económica e de provisão de bem-estar na AML. Como sempre, o Observatório aqui estará para acompanhar, estudar e refletir criticamente sobre a configuração das crises e para avançar na construção de alternativas.

Referências

Caldas, J. C., Silva, A., e Cantante, F. (2020). *As Consequências Socioeconómicas da COVID-19 e a sua Desigual Distribuição.* Colabor Ebooks.

Brenner, N. (2004). «Urban governance and the production of new state spaces in western Europe, 1960-2000», *Review of International Political Economy*, 11 (3), pp. 447-488.

Drago, A. (2021). «Turismo e pandemia: fragilidades da internacionalização sitiada da economia portuguesa», *Cadernos do Observatório* #16, Observatório sobre Crises e Alternativas, Centro de Estudos Sociais.

Harvey, D. (1989). «From Managerialism to entrepreneurship: the transformation of urban governance in late capitalism», *Geografiska Annaler*, 71B, pp. 3-17.

Reis, J., Drago, A., e Almeida, J. (2022). *Productive Specialisation and Wages: Proposals for a Qualification of Portuguese Economy.* Lisboa: Fundação Calouste Gulbenkian.

Seixas, J. (2021). *Lisboa em Metamorfose.* Lisboa: Fundação Francisco Manuel dos Santos.

CAPÍTULO 1

A Economia Política da Área Metropolitana de Lisboa: uma metropolização num país fragilizado*

José Reis

1. Introdução

Neste texto, procuro fazer uma primeira aproximação à forma de economia política que se terá tornado prevalecente na Área Metropolitana de Lisboa (AML) ao longo do presente século. Embora tenha sido sempre central na vida contemporânea do país, nas duas

* Devo um agradecimento especial a João Ferrão e a José Maria Castro Caldas pela leitura de uma versão preliminar deste texto e pelos muito proveitosos comentários que me fizeram, especialmente os que têm a ver com a natureza da relação entre a evolução da AML e a do país, da condição interna desta metrópole e da relação entre tendências demográficas e tendências económicas e sociais. É também devido um agradecimento a João Pedro Ferreira, pela leitura, pelos comentários e pela disponibilização dos seus dados dos saldos naturais e migratórios entre os últimos dois censos.

últimas décadas esta região viu a sua posição redefinida, tornando-se especialmente marcante, segundo uma lógica que permite falar de unipolaridade e de fragilização dos restantes territórios e, em especial, do sistema urbano não metropolitano. Entendo que esta é uma questão de primeira ordem da nossa organização territorial atual.

Mas há, além dessa, uma segunda: o crescimento da AML assentou no «inchaço» da sua periferia,[1] com taxas de crescimento demográfico desproporcionadas face ao contexto recessivo do país, conduzindo a um modelo económico bloqueado, que se tornou menos criador de valor e de bem-estar, e que remunera pior a mão-de-obra de que abundantemente dispõe. Não estamos perante uma situação em que o afluxo populacional robusteça a região de acolhimento e, eventualmente, o país como um todo; pelo contrário, ambos se fragilizam.

A observação dos volumes demográficos presentes em cada território do nosso país e a sua variação entre os Censos deste século[2] revelam traços incontornáveis de afluxo e de depressão. Este não é o único caminho para identificar relações interterritoriais precisas, mas é claro que estamos perante tendências e contextos materiais distintos e assentes numa variável essencial, que é a população. A forma de economia política que presumo que se localiza em Lisboa é um elemento importante para o debate. A grande questão é saber se a AML marca o país pelo deslaçamento que a sua evolução produz – nela própria e no conjunto – ou se o seu o seu papel

---

[1] Podemos estar na presença de, por um lado, processos de suburbanização e, por outro, do surgimento de novas polarizações, correspondendo a algum policentrismo da AML. Mas parece-me claro que o volume dos primeiros prevalece largamente.

[2] O volume de população de cada unidade territorial há de indicar as respetivas capacidades de fixação demográfica e de constituição de um certo tipo de economia. Bem se sabe que isso depende de dois movimentos, representados pelo saldo migratório e pelo saldo natural, e que cada volume tem estruturas próprias: etária, educacional, de qualificação, de relação com o mercado de trabalho e com as atividades económicas. Não é tanto o jogo de ganhos e perdas que me interessa, mas o que ele possa indicar acerca da atividade de cada território.

corresponde a um simples efeito de sucção. Na secção 3 faço uma primeira aproximação à matéria empírica que creio ser relevante para situar o problema e dar-lhe uma resposta. A seguir, procurarei sintetizar os termos substantivos desta digressão. Entretanto, começo por formular breves notas sobre a perspetiva territorialista que adoto, e sobre o modo como o «enclausuramento» de uma região favorecida é uma hipótese que porventura não tem sido suficientemente equacionada por estas visões.

O ponto de vista que aqui adoto articula-se com a análise ainda mais intensiva que José Castro Caldas (2022) faz no capítulo seguinte, onde demonstra que a evolução salarial lisboeta sofre um processo de «convergência negativa», o qual se encontra muito diretamente ligado a uma forte alteração da estrutura do emprego, à medida que esta região se constitui num «enclave turístico» – do qual resulta, aliás, um «efeito deprimente» sobre os restantes sectores de atividade. A rápida transformação da cidade, das suas amenidades e do seu património, em valores mercantis transacionáveis sob lógicas financeiras, em que imperam a competitividade e a relação com mercados desterritorializados, tornou-se cumulativa e exauriu muitos dos seus recursos.

Entretanto, não esqueço – pelo contrário, sublinho – que há um conjunto de circunstâncias macroeconómicas que rodeiam esta trajetória, designadamente a economia política da União Económica e Monetária (UEM), que passou a ser a grande determinante do país desde a segunda metade dos anos 90 (Reis, 2018), e a economia política da austeridade, que acelerou as vulnerabilidades do país.[3] Associo tudo isto a fenómenos como a desindustrialização, a aceleração de certas formas de dependência, a desvalorização do trabalho, a financeirização, a crescente circulação internacional de capitais, a rentabilização dos centros das cidades e do imobiliário ou da facilitação da oferta de serviços banais. E suponho que são estes contextos que explicam muito do que é aqui observado.

---

[3] Remeto para o livro em que se publicou o relatório anterior do Observatório sobre Crises e Alternativas (Reis, Coord, 2020).

Defendo que os dilemas de um país periférico europeu como o nosso se acentuaram e que Portugal vive entre um cenário de aprofundamento desta condição periférica e uma alternativa de qualificação. Esta última é difícil de alcançar; para que, ainda assim, seja possível, aquilo que se vier a passar no território é essencial, através do sistema urbano não metropolitano (que constitui a sua ossatura e do qual depende a sua economia) e da revisão do modelo metropolitano da AML.

2. Notas sobre território e territórios: para uma visão de economia política sobre Portugal

A economia política – isto é, a compreensão do modo como se organiza a vida material das sociedades nos seus contextos concretos, das deliberações em que esta assenta e das formas de poder que a consolidam – tem múltiplas dimensões. Algumas das mais importantes são frequentemente ignoradas, obscurecidas e desvalorizadas. Uma dessas dimensões é o território, a sua estruturação e as suas dinâmicas, isto é, a «espessura» interna dos países. A atitude mais comum é «naturalizar» estas questões, como se elas decorressem de um estado das coisas mais ou menos espontâneo e inevitável. Às vezes, acresce o desdém ou formas displicentes de aceitação de «inevitabilidades». Por isso, usam-se categorias inócuas, ou ideias banais de geografia (interior e litoral, norte e sul, rural e urbano), quando deveriam usar-se categorias substantivas, procurando descobrir as formas de economia política que conduziram a uma determinada situação, e refletir sobre como ela pode ser alterada. Outras vezes, numa atitude com fundo assistencialista, parece entender-se que o território só é relevante para garantir o acesso a serviços de interesse geral. Com grande superficialidade, confia-se que, uma vez niveladas as oportunidades, os problemas ficarão resolvidos, não sendo importante o lugar onde isso produz resultados, nem as consequências para o conjunto da comunidade.

Ora, o território, sendo a maneira como o país se organiza – nas regiões, nas cidades, no sistema urbano (Bandeirinha, 2021), nas aglomerações demográficas e económicas, nos espaços de «baixa densidade», no uso do trabalho, nas opções produtivas e na organização do Estado – deve ser visto pelo seu significado holístico. É ele que determina o que o país pode alcançar globalmente, tanto pelas deseconomias que se evitam (e que ocorrem quando os desequilíbrios são grandes e alguns territórios ficam abaixo de limiares aceitáveis) como pelas sinergias e pelas externalidades positivas que se criam.

O território introduz-se na análise na medida em que se procure uma aproximação tanto às *estruturas substantivas* que o configuram como às *dinâmicas* de cada quadro territorial. E isso obriga a considerar as formas de vida material, os tipos de organização, os modos de criação de valor, de emprego e de rendimento, as tendências de evolução. Estas questões são multidimensionais e complexas, aconselhando a que se procure compreender o que estrutura cada realidade. Há uma epistemologia e uma ontologia do território: este é um assunto de economia política que diz respeito à organização e ao futuro do país (Reis, 2009: 227).

A reflexão sobre a natureza territorial da organização das sociedades contemporâneas é bastante recente, embora se tenham já criado «tradições» robustas.[4] A proliferação atual de termos

[4] Pode colocar-se a hipótese de ter sido através da economia do desenvolvimento (uma disciplina hoje muito esquecida) que as questões da aglomeração de recursos e, portanto, da sua localização ganharam um lugar no pensamento económico. Depois, compreenderam-se as consequências das interações concretas e dos seus efeitos cumulativos, expressos no território onde se realizam. Mais tarde, tratou-se de desagregar as variáveis, tornando-se a economia regional uma expressão desta tendência. Mais tarde ainda, o território ou local passaram a significar o modo como a proximidade e as interações que ela desencadeia estruturam dinâmicas produtivas e de crescimento. Dada a natureza deste texto, não cabe aqui discorrer sobre as referências teóricas que tenho em mente, tanto quanto à erudição sobre o desenvolvimento quanto à erudição territorialista.

e expressões que usam o jargão territorialista – e que inundou o próprio linguajar das políticas públicas mais convencionais – pode dar uma perceção diferente. Mas, de facto, não tem muitas décadas a ideia de que para lá do espaço, isto é, da «extensão da matéria», do conjunto de coordenadas entre as quais ocorre o movimento, há também territórios, estes entendidos como os *lugares* onde se estabelecem *interações* assentes na *proximidade*, nos quais se plasma e consolida uma realidade diferenciada. Na verdade, o conceito de espaço, duplamente anterior ao de território (no tempo e na ontologia), valoriza essencialmente a distribuição e a localização de recursos e atividades. Como muito bem ensinou António Simões Lopes, «o espaço pode definir-se a partir de um conjunto de dados económicos localizados podendo as localizações ser dispersas, porque o que dá unidade ao espaço são as suas características e a natureza das relações de interdependência» (Lopes, 1987: 29). Estas últimas são a «base da caracterização, explicação e atuação sobre o fenómeno social» (*idem*, *ibidem*: 28).

Mesmo quando o objetivo era apenas alcançar uma perceção da distribuição e da localização das variáveis relevantes, a introdução do espaço na economia foi trabalhosa, porque a variável tempo sempre predominou nas suas conceptualizações. Na prática económica (no planeamento e na economia do desenvolvimento), a noção de sector foi igualmente dominadora; por isso, a evolução das sociedades associou-se a fenómenos como os da industrialização ou da terciarização, tal como à instalação e à gestão de infraestruturas e de equipamentos.

As ciências sociais em geral, e a economia em particular, demoraram, portanto, a introduzir o território nos seus arquétipos mentais e a apropriar-se dele de forma útil. O mesmo se passa no debate público não disciplinar e no senso comum. É útil, por isso, ter consciência dos diversos obstáculos epistemológicos que se erguem nessa viagem.

A convicção territorialista pretende enfatizar a dimensão positiva das relações internas a cada território, assumindo que elas o estruturam, o qualificam e o robustecem, originando processos relevantes de desenvolvimento. Não se pressupõe que isso possa desqualificar outros territórios, visto que o que comanda o processo é a valorização das capacidades próprias de cada um, e admite-se mesmo que daí resultem vantagens gerais. Por exemplo, quando uma determinada «capital» – seja qual for a razão que justifique o termo – se estrutura e se consolida, gerar-se-á um «efeito de capitalidade» capaz de desencadear consequências benéficas noutros lugares.

O que a perspetiva territorialista não terá sido tão capaz de prever foi a possibilidade de um caso de intensa e favorecida territorialização do desenvolvimento conduzir, não a uma qualificação progressiva do próprio território, mas a um *efeito de concha*, isto é, a um enclausuramento desse processo, que tende a reconfigurar a sua qualidade, diminuindo-a e criando múltiplos problemas internos. Mesmo quando ganhou notoriedade a ideia de que os territórios se representam por um conjunto de ativos e de relações relevantes em que se baseia o seu desenvolvimento, terá predominado a convicção de que esse processo, sendo internamente positivo, não diminuía o de outros territórios, e eventualmente poderia ainda disseminar-se para fora. Contudo, os tempos mais recentes têm mostrado que mesmo um território dotado de condições positivas pode enclausurar a sua própria evolução, e ao mesmo tempo subtrair capacidades aos outros. A territorialização por *enclausuramento* – que inclui o enclausuramento de recursos absorvidos no exterior do território – pode, portanto, ser uma forma de organização territorial; e creio que é razoável admitir que seja este o caso da AML.

Uma pergunta crucial é, pois, esta: *como se pode compreender que haja afluxo de população a uma região, que cresce demograficamente enquanto muitas das demais registam quebras, e, ao mesmo tempo, esta região diminui a sua parte no PIB e no poder de compra do país? Como pode a sua capacidade para criar valor com o trabalho que usa evoluir menos do que a média, diminuindo o salário médio real?*

O tempo em que este texto assenta é o deste século, isto é, o de uma sociedade e de uma economia com as suas dinâmicas e a sua organização fortemente influenciadas pelas condicionalidades de duas formas de economia política muito precisas: a que resulta da pertença à União Económica e Monetária e aquela que foi desencadeada por uma crise financeira e pela austeridade que se lhe seguiu.[5] A UEM alterou substancialmente a lógica de crescimento e o exercício das políticas públicas e da ação do Estado: impôs limitações estritas à política orçamental, impossibilitou o exercício da política cambial, condicionou o investimento público, reduziu a política industrial à promoção da competitividade, promoveu a liberalização (libertinagem, de facto) bancária e financeira, concedendo todas as facilidades à circulação internacional de capitais. Tudo isto abriu espaço para um deslaçamento das relações internas e para uma inserção «incondicional» na esfera internacional através dos recursos mais «à mão», isto é, pelas importações, pelas exportações mais ágeis, mas menos dotadas de valor (em que se destaca o turismo), pelo endividamento, pela disponibilização de ativos a serem adquiridos pelo exterior, e até pelos aspetos simbólicos. A isto se somou uma pandemia que expôs de forma crua as vulnerabilidades do país. Nestes tempos convulsos, Portugal encontra-se entre um cenário plausível de *aprofundamento da sua condição periférica* (com consequente empobrecimento) e um outro – mais difícil, mas igualmente admissível – de *reorganização estrutural*, ou seja, de requalificação. É por estas razões que advogo uma economia política do cuidado, expressão a que dou um sentido amplo, que abranja todas as deliberações que estruturam a sociedade, nas suas diferentes escalas.

Nas duas últimas décadas ficou evidente que o lugar e o papel da metrópole lisboeta se tornaram inusitados, dando ao quadro territorial do país uma forma essencialmente *unipolar* que ele nunca tinha revelado, pois havia elementos policêntricos que, com diferentes intensidades, tinham antes persistido. A unipolaridade consiste na emergência num único lugar de um fator de diferenciação radical do território – neste caso, o acréscimo populacional, num

---

[5] Remeto para o que estudei em Reis (2018).

contexto de debilitação generalizada.[6] Esta tendência pode ter resultado da valorização de fatores de desenvolvimento de qualidade diferenciada, próprios dos territórios mais desenvolvidos e qualificados, mas está a tornar-se claro que resulta também da maior disponibilidade de recursos para uso extensivo e de uma alteração igualmente extensiva da especialização e do sistema de emprego da região da capital, tudo isso acompanhado de um uso intenso do imobiliário e do reforço das mobilidades internacionais e das transações financeiras.

Neste texto assume-se a necessidade de uma análise da economia da AML e de uma primeira aproximação à *forma de economia política* em que ela assenta. Para lá do exercício analítico, ensaia-se uma discussão prospetiva, usando aqueles dois cenários como norte. Indicam-se já as hipóteses específicas implícitas na tarefa: a de que a especialização e o sistema produtivo e de emprego lisboeta se degradaram e precarizaram, a de que as relações sociais se tornaram mais assimétricas e desiguais e a de que o quadro territorial metropolitano revelou um «inchaço» da periferia, polarizando-se internamente. Quanto ao país, as hipóteses implícitas são: a condição periférica – e, portanto, a dependência – acentuou-se, através do reforço dos desequilíbrios nos mercados do trabalho, dos bens e dos capitais; os desequilíbrios territoriais tornaram-se em consequência mais profundos e atingiram o conjunto do sistema urbano.

É perante tais hipóteses que se discute tanto o cenário de periferização e empobrecimento quanto o de requalificação. A questão principal é esta: se a evolução recente da AML se associa

---

[6] Estou consciente de que o que acontece no Algarve parece não autorizar o uso do termo unipolar. Porém, acho razoável dizer que a dimensão, o tipo de economia e as razões do afluxo demográfico nesta região têm uma relação com o resto do país que é de natureza muito diferente da que ocorre na AML. A unipolaridade de que falo é a que resulta do reforço acentuado da posição dominante de um território central, num país fortemente influenciado pelo que aí acontece.

diretamente ao quadro de crise que se tinha instalado no país (e que a pandemia reforçou), então será razoável defender que a alternativa tem de considerar, por junto, uma evolução metropolitana que requalifique esse território essencial que é a AML, pensando isso em conjunto com a evolução do país como um todo.

3. A economia política do crescimento de uma metrópole num país unipolar

A proposta que aqui faço consiste na escolha de algumas variáveis que permitam um primeiro esboço: população, acesso ao bem-estar, produto, emprego, especialização, produtividade, rendimentos e tendências salariais.

A finalidade deste exercício é saber se há razões para falarmos de uma economia política própria da AML e da sua evolução recente. Haverá nela um conjunto de tendências diferenciadas relativamente ao país?[7] Formulo em relação a isto os seguintes argumentos: 1) a mais poderosa tendência de alteração da configuração recente do país consiste no facto de a AML, com quase 3 milhões de pessoas, se ter tornado na grande região de afluxo demográfico;[8] 2) isso está em linha com a fragilização tanto da outra área metropolitana quanto do sistema urbano não metropolitano; 3) ao mesmo tempo, o modelo da AML assenta essencialmente em dinâmicas que incham a sua periferia e 4) fragilizam a sua capacidade produtiva, bloqueando a criação do rendimento regional e as dinâmicas salariais. Em consequência, esta unipolaridade não resulta num simples efeito de sucção, mas sim num

---

[7] Não discuto aqui as semelhanças ou as diferenças que possa haver com outros países, no mesmo período ou noutros: assumo que elas existam, muitas delas revelando a nossa condição periférica à escala europeia.

[8] A evolução que se regista no Algarve é a de uma região que representa ⅙ das 2 871 133 pessoas da AML.

processo de deslaçamento do país, que começa na própria AML. Se encontrássemos nesta região um modelo económico e social ascendente, que consolidasse características robustas, as circunstâncias seriam diferentes e justificariam encarar o fenómeno de maneira mais otimista.

a. Uma tendência pesada: a concentração de pessoas na AML num quadro de crescimento desigual

Em 2021, o Continente português tinha 9,8 milhões de pessoas, a mesma população que no início do século XXI.[9] No entanto, durante esse período o Norte perdeu cerca de 100 mil habitantes (menos 3%), o Centro 120 mil (uma queda de 5%) e o Alentejo mais de 70 mil (o que representa menos 9%). A AML regista hoje quase 210 mil pessoas a mais (um acréscimo de 8%) e o Algarve mais 72 mil (aumento de 18%). Não é difícil, pois, identificar a tendência mais pesada, aquela cujo calibre é mais marcante, influenciando o conjunto. O volume da AML dá um significado incontornável às variações absolutas, mais do que as percentagens possam sugerir.

---

[9] Para a variável demográfica, uso os resultados provisórios dos Censos de 2021 que o INE publicou; assim sendo, este texto constitui uma atualização da análise que fiz em Reis (2020). Uma questão interessante, mas que não vou tratar aqui, é a das distâncias entre as estimativas do INE para 2020 e estes resultados censitários. Nalguns casos elas são muito significativas e será interessante compreendê-las.

Figura 1
Variação percentual entre Censos da população, Continente e NUTS II e III

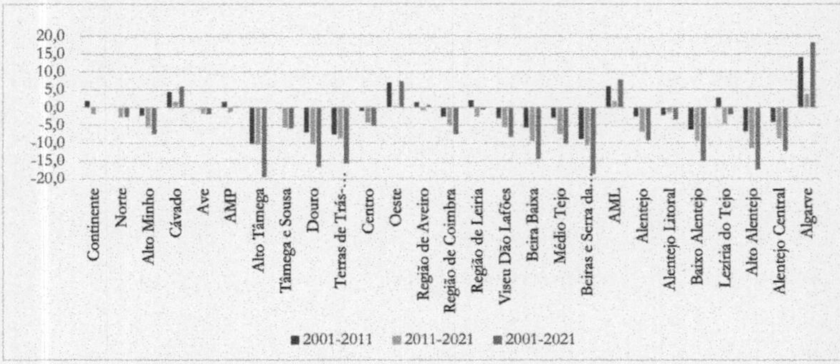

Fonte: INE; Censos da População.

A Figura 1 mostra-nos o quadro composto pelas 23 NUTS III que constituem o Continente – e que assumo serem uma escala relevante para captarmos a dimensão supralocal que estrutura o país. Privilegio na leitura a variação global ao longo das duas décadas deste século; mas convido também à observação do que se passou em censos consecutivos, isto é, em cada década do século, e que se representa nas duas colunas iniciais. O panorama é esclarecedor: há a óbvia diferenciação do Algarve, e acontece que territórios urbanos e litorais como os das regiões de Coimbra e de Leiria se juntam aos também litorais do Alto Minho e do Alentejo Litoral, ou a territórios geograficamente intermédios, como o Ave e o Tâmega e Sousa, num comportamento demográfico negativo, que o chamado «interior» amplifica. Mesmo a região de Aveiro – litoral, urbana e industrial – não cabe propriamente na categoria de territórios populacionais dinâmicos. As exceções estão no Cávado e no Oeste, um acréscimo que, contudo, é de pouco mais de 20 mil pessoas em cada caso.

A conjugação das variações percentuais com as absolutas deixa ver onde está o essencial das relações territoriais e dos modelos de organização. No quadro de regressão generalizada que o gráfico mostra, *a AML constitui-se no território dominante, sem contraponto equivalente em termos absolutos*. É neste plano que se podem avaliar as relações com as outras duas grandes regiões, o Norte e o Centro, bem como o jogo de ganhos e perdas estabelecido entre elas. O acréscimo da AML neste período quase equivale à população das duas cidades médias não metropolitanas do país – Braga e Coimbra – cuja dimensão está na casa das 100 mil pessoas: é como se elas tivessem «fechado» para a sua população afluir à AML.[10] Usando os cálculos de João Pedro Ferreira, verifica-se que no último período intercensitário se conjugaram aqui um significativo saldo migratório interno e um significativo saldo natural.[11] Estamos, portanto, perante a combinação de absorção populacional e de dinamismo natural possibilitado por uma estrutura demográfica positivamente diferenciada, a que se junta ainda o peso dos fluxos imigratórios externos.

Para ampliar a análise, vale a pena observar desde já um indicador do acesso ao bem-estar da população: o poder de compra *per capita*. É claro que a população que se concentra na AML dispõe, em termos médios, de mais rendimentos e de mais recursos: mais de 30% acima do país em 2001 e 24% em 2017. É, no nosso contexto, uma região «rica», que se destaca de todos os outros territórios, mesmo da Área Metropolitana do Porto (AMP) e do Algarve, os únicos que se colocam na proximidade da média nacional. No entanto, o que merece particular atenção é o decréscimo, pois é mesmo *a única NUTS III em que a relação deste indicador com a média nacional diminui entre 2011 e 2017*. É de supor que isto decorra de uma evolução não positiva da vida material na região e, porventura, de uma acentuada desigualdade. Os dados que analiso a seguir apontam para isso.

---

[10] Veja-se a publicação do INE (2014) sobre a população das cidades portuguesas em 2011: Coimbra, 106 mil; Braga, 137 mil.

[11] Segundo estes cálculos, pode estimar-se que o saldo migratório da AML foi positivo: 34 mil pessoas. Como o do país foi de cerca de 16 mil, mesmo que toda a imigração tivesse sido para aquela área metropolitana, o saldo resultante das migrações internas já seria muito elevado. Entretanto, o saldo natural da AML foi próximo de 15 mil. Parece por isso claro que estas dinâmicas contribuem para uma estrutura demográfica mais jovem e mais reprodutiva.

Figura 2
Poder de compra per capita *(média nacional=100), NUTS II e III*

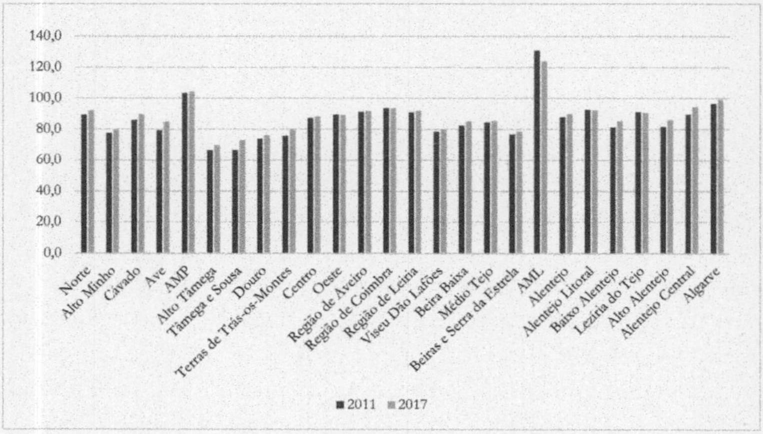

Fonte: INE, Censos da População.

b. *A fragilização do sistema urbano não metropolitano e da AMP*

Vejamos agora o argumento da fragilização do sistema urbano não metropolitano, que apresentei antes. Adoto uma perspetiva que consiste em olhar para o território continental destacando as aglomerações urbanas mais significativas. Numa primeira aproximação, opto por deixar de lado as duas áreas metropolitanas e por me concentrar nos municípios com cidades relevantes que seja razoável associar ao conceito de sistema urbano indicado acima, mesmo que algumas delas não estruturem um espaço próprio.

Se considerarmos a evolução demográfica dos municípios onde se localizam o que o INE (2014) retrata estatisticamente como cidades e entre elas selecionarmos as não metropolitanas, considerando apenas as que têm mais de 10 mil habitantes, o quadro que se tem desenhado ao longo deste século é o que a Figura 3 ilustra. Aparentemente, é um quadro simétrico: umas cidades aumentam, outras decrescem.

Figura 3
Variação percentual entre Censos da população dos municípios com cidades não metropolitanas de mais de 10 mil habitante

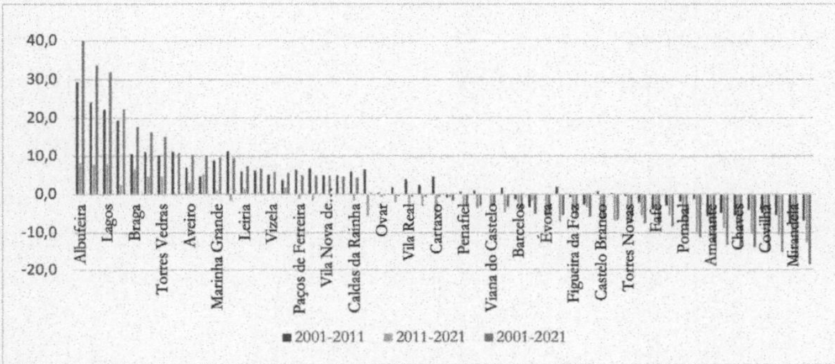

Fonte: INE, Censos da População.

Mas importa analisar os dados em detalhe. Há uma óbvia particularidade do Algarve, que regista cinco municípios entre os dez que têm cidades de mais de 10 mil habitantes a crescer significativamente; o facto de aqui se encontrarem Albufeira ou Quarteira esclarece-nos sobre a natureza do processo. Entre os que crescem, Braga, Aveiro, Leiria e Viseu são concelhos de dimensão considerável, que permitem falar de consolidação urbana; ao mesmo tempo, todos os outros municípios de sedes de distrito, ou onde há ensino superior público, perdem população, muitos deles de forma acentuada – sobressai aqui o caso, a vários títulos significativo, de Coimbra.[12] Entre as cidades mais pequenas, ou que não

[12] Coimbra é um caso significativo, porque é a única cidade do continente que tem mais de 100 mil habitantes e não está numa área metropolitana, nem na sua vizinhança (ao contrário do que acontece com Braga). Coimbra tem na sua proximidade cerca de 400 mil habitantes, estruturando um território intermédio entre as metrópoles de Lisboa e do Porto. Em abstrato, podia pensar-se que fosse um espaço essencial para um ordenamento urbano do país mais qualificado; pois não o é. O seu decréscimo populacional neste século foi de 5%. Perante isto, é inútil pensar que o país tem tido consciência pública esclarecida ou políticas inteligentes sobre o modo como se organiza.

dispõem de funções de hierarquia mais elevadas, há exemplos de crescimento, mas o que predomina é a perda. Se separássemos o Algarve, a simetria do gráfico desfazia-se e o sistema urbano não metropolitano do país exibiria a sua fragilização de forma ainda mais clara. Há, portanto, uma fragilização deste sistema urbano. Seria de esperar que os poderes aglomerativos das cidades contrastassem com os problemas das áreas de menor densidade, só que isso não acontece, o que dá um significado redobrado ao que observámos na AML: o problema do país não é apenas o de um interior em regressão ou o de aldeias despovoadas, mas também de muitas cidades fragilizadas.

Tratemos agora da AMP: nestas duas últimas décadas, ela só sustém a população que tinha no início do século porque o crescimento da primeira década (1,7%) compensa a perda da segunda (-1,3%). Esta metrópole não destoa, pois, do contexto regressivo da Região Norte. A distribuição municipal da população e as respetivas dinâmicas mostram como se combinam perdas e ganhos, sem que a soma seja positiva. E mostra que os municípios que a compõem não beneficiam do mesmo efeito metropolitano que encontramos na AML, onde os acréscimos são, como vamos ver, quase generalizados, o que sugere que as duas metropolizações têm naturezas distintas. O contraste visível nas Figuras 4 e 5 não carece de muitos comentários.

Figura 4
Variação percentual entre Censos da população da Área Metropolitana do Porto, dos seus municípios e do Continente

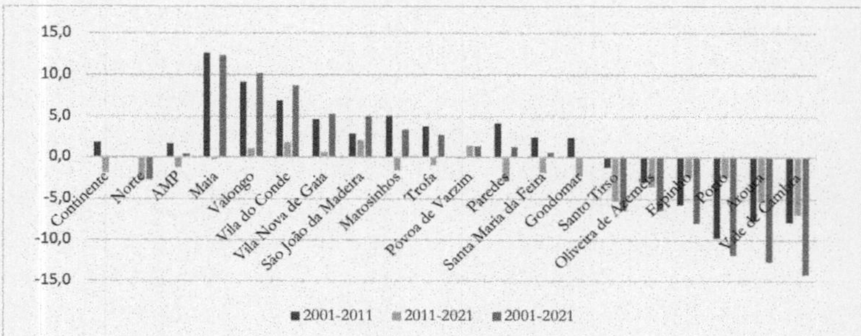

Fonte: INE, Censos da População.

c. O «inchaço» da periferia da AML

A evolução demográfica da AML acentuou o peso dos modos de vida metropolitanos e das periferias metropolitanas no país como um todo. O que se regista, em termos médios, como evolução do conjunto de uma região é determinado pelo que acontece em municípios cuja composição económica e social os aproxima da condição de subúrbios, com dinâmicas habitacionais e de reprodução social muito próprias e com exigências de grande mobilidade, as quais requerem medidas específicas de política pública.[13] É certo que pode haver outras dinâmicas que denotem a formação de algum policentrismo, incluindo aquela que decorre do uso privilegiado do espaço por parte da classe abastada; mas isso é secundário relativamente à suburbanização e à gentrificação, que ganham novas geografias, depois da mais antiga, que «coroou» a cidade de Lisboa na sua proximidade, tanto na margem sul como a norte e a ocidente.

Figura 5
Variação percentual entre Censos da população da Àrea Metropolitana de Lisboa, dos seus municípios e do Continente

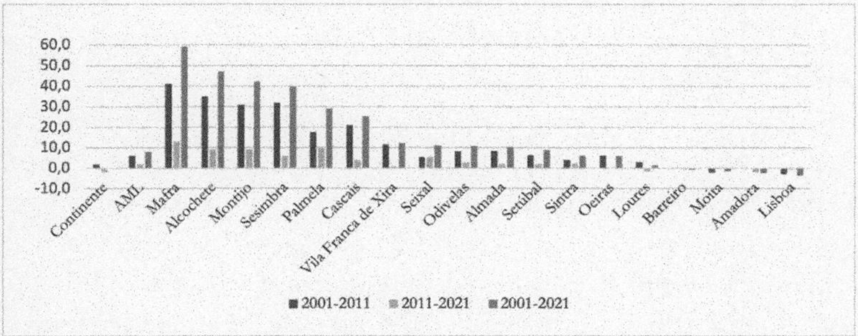

Fonte: INE, Censos da População.

[13] Foi assim, a justo título, com o financiamento de passes sociais, com vista a minimizar os problemas e as desigualdades intrametropolitanas de Lisboa.

A Figura 5 mostra o contraste que se estabelece entre, por um lado, a evolução da AML e da maioria dos seus municípios e, por outro, as situações acabadas de analisar, incluindo a do Continente. O que se passou neste século assenta de forma muito expressiva no que aconteceu na década inicial. Uma hipótese que vale a pena estudar, e que corresponde a uma forte convicção minha, é que a economia política da UEM – porventura ainda mais do que a da austeridade, que, no entretanto, a reforçou – tenha constituído a grande determinante desta mutação essencial da territorialização do país. À escala municipal, o gráfico é muito claro sobre a periferização da evolução metropolitana, com todas as suas consequências. O «miolo» da metrópole, em estagnação demográfica que contrasta com o inchaço da periferia, já não se limita à cidade de Lisboa, mas estende-se às suas proximidades.

d. A especialização e o bloqueio da capacidade produtiva e de repartição de rendimentos na AML

Centremo-nos agora nas dimensões mais estritamente económicas. Vale a pena ter presentes alguns dados essenciais: na primeira década de 2000, o PIB da AML cresceu significativamente acima da média do Continente, aumentando 4,9%, para uma média de 2,6% (o *ratio* entre os dois valores é de 1,8, ou seja, quase o dobro). Já no período seguinte (2011-2019), o quadro inverteu-se: o crescimento do produto da AML foi de 8,6% e o do Continente de 13,7% (apenas 0,6 da evolução do país, portanto). A região lisboeta passou, por isso, a representar 37,7% da criação anual de riqueza no Continente, quando no início do século era 38,5% e em 2011 39,6%. Esta capacidade de criação de riqueza, antes positivamente diferenciada relativamente ao país, é agora menor e decresceu, o que pode indiciar duas coisas: a concentração em Lisboa de empresas com atividades que, em comparação com a estrutura produtiva anterior, criam menos valor e uma «resistência» do resto do país, que não segue essa trajetória de forma tão intensa como a região lisboeta.[14] Já no poder de compra tínhamos registado a mesma tendência.

Em termos industriais, a AML é também uma região dependente do estrangeiro: em 2019, a taxa de cobertura das importações pelas exportações de bens era de 45%, contra 79% no país. Ao contrário, o Norte e o Centro tinham uma balança comercial externa de bens excedentária: aquela taxa de cobertura era, respetivamente, 128% e 115%. Em termos absolutos, o saldo negativo da balança comercial de bens de Lisboa excede o do país.

Provavelmente, é nas estruturas produtivas e de emprego que se encontram as razões para isso. O primeiro exercício a fazer é comparativo e põe em relação a região com o país. Se considerarmos as atividades que contribuem significativamente para o valor acrescentado bruto (VAB) empresarial – aquelas cujo peso no VAB total é superior a 3,9% –, a região lisboeta é muito menos industrial e menos assente na construção. Depende muito mais das atividades de informação e de comunicação (mais de 60% acima da média) do que a média continental, e depende mais (entre 20% e 50% mais) das da energia (o que não será alheio à localização de sedes de grandes empresas), dos transportes e da armazenagem, das atividades administrativas e de serviços de apoio, da consultoria e do imobiliário. Por sua vez, em 2019, o emprego nas quatro maiores empresas era 4,3% (contra 1,9% no Continente), e o mesmo acontecia já em 2011. É, portanto, uma região de grande concentração empresarial.

---

[14] Noutros trabalhos (designadamente, Reis, 2020), comparei a evolução demográfica e a evolução do emprego nos territórios do continente e concluí que há diferenças entre estas duas variáveis, denotando-se capacidades insuspeitas na segunda.

Figura 6
VAB e Emprego: ratio *entre peso de cada setor na AML e no Continente*

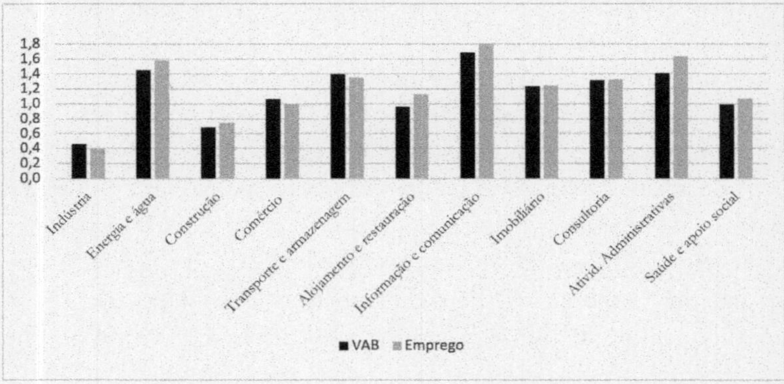

Fonte: INE, Sistema de Contas Integradas das Empresas.

Olhando agora para a *especialização* da AML através do peso que cada sector tem no VAB e no emprego, o primeiro dado é que a indústria não contribui para o valor criado na AML em mais de 10% (contra 37% no Centro, 33% no Norte, 24% no Alentejo e 3% no Algarve). No emprego, tem um peso ainda menor (7%). Metade do emprego na AML está nas atividades administrativas, no comércio e no alojamento, mas estes sectores também só contribuem com 36% para o VAB regional: a capacidade organizacional e de criação de valor das atividades dominantes não é, portanto, elevada. É, pois, significativo o peso das atividades «banais» na capital, sem prejuízo da sua combinação com as que habitualmente diferenciam uma região-capital, como é o caso da informação e da comunicação, de segmentos das atividades de transporte e, evidentemente, da administração pública. Esta última, de que aqui não trato em detalhe, constitui um óbvio privilégio da capital e influencia muitos indicadores, incluindo os que vou tratar a seguir.

Figura 7
Estrutura do Emprego e do VAB na AML, 2019

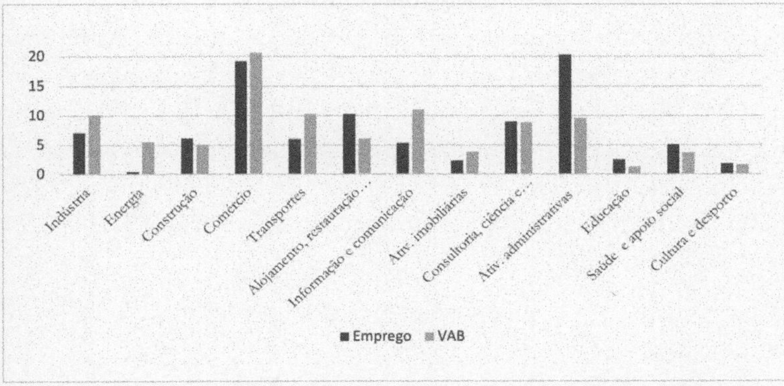

Fonte: INE, Sistema de Contas Integradas das Empresas e Ministério do Trabalho, Quadros de Pessoal.

No entanto, em termos globais, a AML contribui para a criação anual de valor do Continente numa proporção mais elevada do que aquela com que contribui para o emprego (37,7% e 28,5%, respetivamente, em 2019).[15] Tem, portanto, uma estrutura produtiva positivamente diferenciada: *a sua produtividade é superior à do país*: 24% acima da média do Continente em 2019, quando em 2011 a diferença era de 32%. Os diferenciais positivos da produtividade regional estão na indústria, na energia, no comércio, nos transportes (a TAP e a CP hão de ter aqui influência), na informação e comunicação e nas atividades imobiliárias. Na verdade, nenhum outro espaço se compara à região da capital. A própria condição geral da economia nacional é absolutamente determinada por ela.[16]

Apesar disso, ao longo desta década a produtividade na AML decresce, facto a que não é alheia a evolução, antes analisada, da sua especialização. Isto significa que o cenário em que a região mais desenvolvida «puxasse» pelo país não se verifica; passa-se o contrário.

---

[15] INE, Estimativas da População e Contas Nacionais anuais.

[16] Curiosamente, tirando a AML, só a NUTS III da Beira Baixa está acima da média.

Acréscimos de produtividade houve-os generalizadamente, mas nos outros territórios, desde os de menor urbanização até aos de maior perfil urbano, neste caso centrados nas cidades médias. As Figuras 8 e 9 mostram isso bem. A maior vantagem na estrutura produtiva da AML parece, portanto, estar a degradar-se. Ao longo da última década, houve *uma variação negativa da produtividade das empresas da AML, enquanto no país ela aumentou mais de 5%,* coisa que se verificou de forma generalizada nas diversas regiões (NUTS II e III).[17]

Figura 8
Produtividade, em euros e a preços constantes

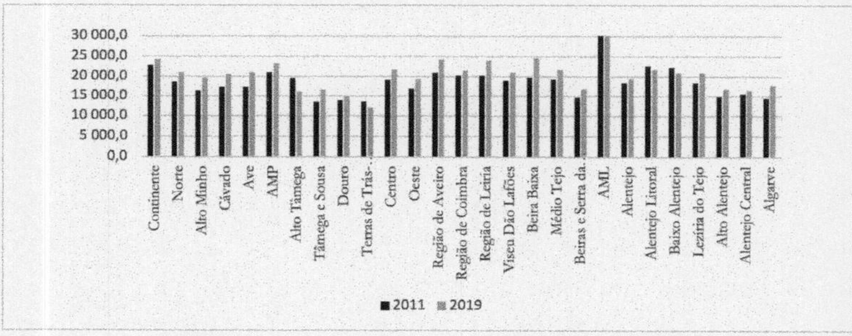

Fonte: INE, Sistema de Contas Integradas das Empresas.

Figura 9
Variação percentual real da produtividade, 2011-2019

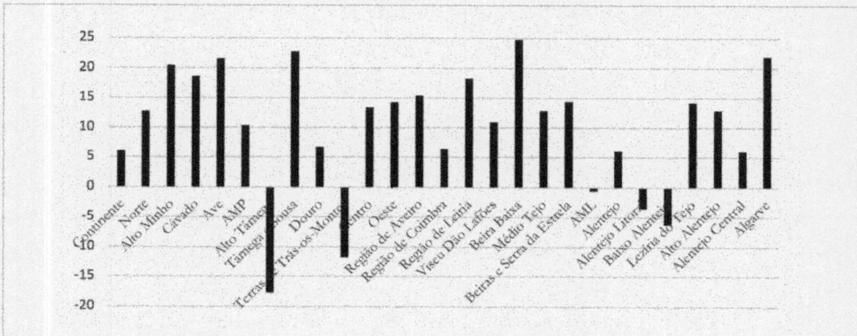

Fonte: INE, Sistema de Contas Integradas das Empresas.

[17] Além da AML, as exceções à tendência geral são Alto Tâmega, Terras de Trás-os-Montes, Alentejo Litoral e Baixo Alentejo.

Uma imagem semelhante resulta da observação das remunerações médias mensais por trabalhadores: a posição de Lisboa, largamente superior, coloca praticamente todas as NUTS III do Continente abaixo da média nacional, mas apenas quatro delas passaram, em 2018, para um patamar inferior ao que ocupavam em 2011, entre elas a AML e o Algarve. Se a perspetiva for agora a das NUTS II, então o Norte e o Centro aproximam-se da média, enquanto a AML, o Alentejo e o Algarve se afastam (Figura 10).

Figura 10
Remuneração média mensal do trabalhadores em percentagem da média do Continente

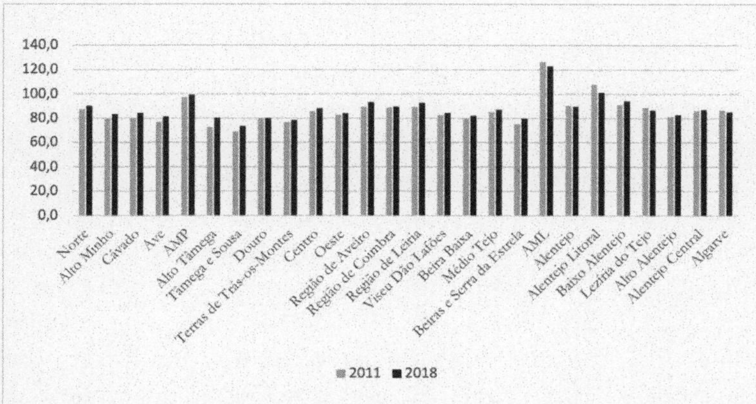

Fontes: Ministério do Trabalho, Quadros de Pessoal.

Com maior clareza, a Figura 11 mostra uma perda de quase 4% do nível remuneratório médio da AML relativamente à média do Continente. E deve sublinhar-se que o quadro remuneratório em que vivemos neste período (2011-2018) é regressivo, tanto nominalmente quanto em termos reais.[18]

---

[18] Essa regressão iniciou-se em 2010. Em termos reais (Preços Constantes do PIB, Base 2016), passou-se de uma remuneração média por trabalhador de 19 390 € (o pico) para 18 782 €, com um mínimo de 18 346 € em 2016.

Figura 11
Variação percentual do nível remuneratório relativamente à média do Continente (2011-2018)

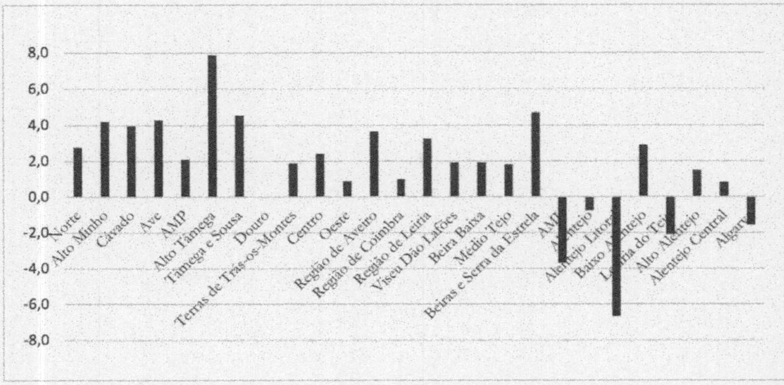

Fontes: Ministério do Trabalho, Quadros de Pessoal.

O conjunto de indicadores sobre criação de valor, produtividade e rendimento parece sólido, justificando a hipótese, que tenho vindo a formular, de bloqueio da capacidade produtiva da AML e de degradação das relações laborais. Se mais uma vez se confirma que esta é a região que apresenta maior distância entre o salário médio e o salário mínimo,[19] também aqui se repete a redução desta distância ao longo do período 2011-2018. É certo que não está sozinha: aconteceu isso em quase todas as regiões do país. No entanto, em termos percentuais a AML reduz tanto quanto o Continente no seu conjunto, e tem à sua frente onze NUTS II e III em que essa compressão salarial foi menor como mostram as Figuras 12 e 13.

[19] Isso tanto pode resultar do peso dos salários elevados como de uma maior concentração à volta do salário médio.

Figura 12
Diferença entre remuneração média e salário mínimo, euros

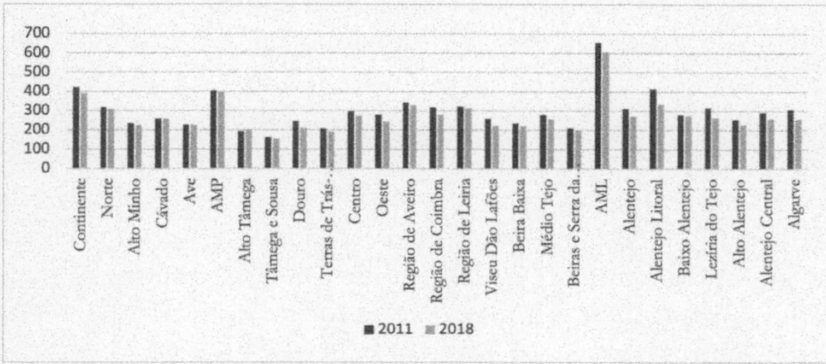

Fontes: Ministério do Trabalho, Quadros de Pessoal.

Figura 13
Evolução percentual da diferença entre salário médio e salário mínimo, 2011-2018

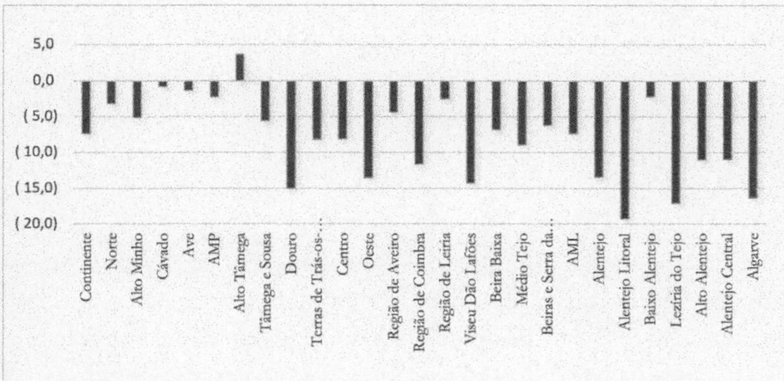

Fontes: Ministério do Trabalho, Quadros de Pessoal.

3. Uma metropolização que diminui ou qualifica o país?

É possível, como se viu, estabelecer alguns termos da economia política da metropolização lisboeta e do seu papel na lógica unipolar do desenvolvimento do país neste século: afluência demográfica e uso extensivo de trabalho; deslaçamento ou dissonância relativamente às dinâmicas gerais do país (tanto as negativas quanto as positivas); perda de posição quanto à proporção com que contribui para a riqueza do país; disponibilidade de uma estrutura de emprego e de criação de valor diferenciada e superior à média (vantagens de especialização e de produtividade) que não resulta na devida valorização; crescente dependência material face ao exterior, aprofundando os desequilíbrios nacionais; degradação das condições de funcionamento da economia, expressa na deterioração da produtividade, dos rendimentos e da estrutura salarial. E, no entanto, esta é a região onde mais condições existiriam para se qualificar, quiçá para «puxar» pelo país. Ela é sede de grande parte da administração pública mais qualificada, das maiores empresas e de atividades positivamente diferenciadoras.

Do ponto de vista demográfico, pelo menos, a AML posicionou-se, no início deste século, de maneira muito favorável nas tendências de desequilíbrio interno do país, no quadro do que tenho designado de economia política da UEM. Esta constatação não autoriza necessariamente que se diga que esta forma de economia política favoreceu Lisboa, mas é razoável pensar-se que conduziu a uma convulsão na organização do país que teve aquele resultado, fazendo afluir pessoas à AML. A década seguinte assenta sobre tais ganhos e amplia-os.

Num primeiro momento, as vantagens demográficas traduziram-se em vantagens económicas, designadamente no maior crescimento do PIB e na diferenciação da produtividade. Porventura, esteve presente o que a «dissolução» da governação institucional da macroeconomia e das políticas públicas parecia possibilitar a um país que se tornava membro de uma união económica e monetária, dispondo de uma moeda forte e estável: maior circulação de pessoas, bens e serviços à escala europeia e uma maior inserção em cadeias de valor internacionais. A região mais forte e mais preparada procurou daí tirar proveito, deslaçando-se do país.

Porém, é hoje sabido que esse processo não era sólido para um país periférico com défices produtivos em matéria de bens, com serviços banais, com défices no mercado do trabalho, na oferta de empregos e no mercado de capitais. A lógica da financeirização das relações económicas em todos os planos, incluindo o da reprodução social, trouxe consigo novos desequilíbrios e o aprofundamento dos antigos. Isso não impediu que, na década mais recente, com a periferização do crescimento da AML, acelerada pela economia política da austeridade, este território continuasse a acumular crescimento demográfico, insistindo no recurso ao imobiliário e numa economia de serviços banais.

Parece assim claro que a própria AML precisa de reconfiguração, requalificando a sua economia de serviços, recentrando-a territorialmente e estabilizando a periferia «inchada», retomando o uso do património urbano para o bem-estar dos seus habitantes. Será plausível que tal reconfiguração se faça em articulação com o país, pressupondo as características que aqui procurei identificar? Parece-me que só com políticas públicas com grande consciência territorial (e não assentes em conceções vulgares de «coesão» ou em dicotomias simplistas) se pode encarar esta possibilidade. O sistema urbano e a visão que sobre ele se tenha é crucial. Isso supõe que exista uma ideia para cada território pertinente (as NUTS III, no quadro de uma governação regional estabelecida através das NUTS II) e para a articulação entre eles.

Há boas razões para pensar que o quadro metropolitano lisboeta é essencial para uma mudança de qualidade no país, que mais não fosse pela paragem do arrastamento negativo que aí se tem desencadeado, mas também por se tratar de um ponto nodal das exigências positivas de transformação. Há um objetivo de uso das melhores qualificações, que precisam de dinâmicas de aglomeração e de proximidade, para as quais uma metrópole exigente com o seu modelo de desenvolvimento é essencial. Não uma metrópole que esteja ela própria muito polarizada do ponto de vista dos rendimentos, onde a presença de sectores privilegiados coexiste com uma abundante presença de gente e de atividades precarizadas. Não uma metrópole de valorização rentista das disponibilidades imobiliárias, com a qual não se cria emprego, não se redistribui rendimento e com que se acentuam as dependências relativamente ao exterior. Não uma metrópole que depende de um afluxo de pessoas e de trabalho, mas não lhes oferece um contexto de valorização e de remuneração adequado. Imaginemos, pois, uma AML baseada em capacidade produtiva industrial qualificada, em serviços avançados e na ecologia dinâmica e diversa que é própria de cidades vibrantes, e os efeitos mobilizadores que isso teria num país como Portugal. Imaginemos uma metrópole que qualifica e se articula positivamente com o resto do país, não um polo que se desliga dele ou que o absorve pelo uso extensivo de trabalho barato. Tudo isso faria parte importante de um projeto de requalificação do país.

Ao mesmo tempo, não se pode dispensar um pensamento positivo sobre «o resto». Tudo tem de começar no governo central, que não pode desobrigar-se de refletir sobre cada território pertinente. Existirá hoje sabedoria governamental, traduzida em ação e políticas públicas, sobre o papel de cada cidade média e sobre as funções que elas podem cumprir na fixação territorial de uma vida material qualificada? Não há. Conhecem-se os termos da presença dos serviços de interesse geral no território, e da economia diferenciada e própria que há de caber a cada um? Também não.

4. Conclusão: uma alternativa de reorganização e de qualificação

Este texto assume que Portugal tem visto a sua evolução bloqueada, com aprofundamento da sua condição periférica face ao quadro europeu. O défice da balança comercial de bens, o escasso conteúdo nacional das exportações, os contínuos fluxos emigratórios (apesar do saldo positivo dos últimos anos) e os défices financeiros que conduzem ao endividamento externo bastam para o demonstrar. A isso se junta este desequilíbrio territorial e a lógica unipolar que o determina. As vulnerabilidades já vinham a acentuar-se, à medida que a economia política da UEM tornava aqueles desequilíbrios macroeconómicos mais expressivos; por sua vez, a austeridade tornou o quadro ainda mais frágil, conduzindo-nos a um modelo de organização do país com desequilíbrios novos e até originais. É fácil apontar três: a sobre-especialização turística, a inserção do património imobiliário urbano nos circuitos da financeirização internacional e a unipolaridade metropolitana representada pela concentração demográfica na AML, especialmente na sua periferia.

O cenário de aprofundamento da condição periférica corresponde às tendências em curso, e é, portanto, o mais provável. Já o de reorganização e requalificação, sendo possível, exigiria uma ação voluntariosa, isto é, uma política verdadeiramente inovadora, concertada e planeada, que encarasse o território e os problemas aqui apontados.

Perante isto, a proposta que aqui deixo é clara: Portugal tem de encarar seriamente a reconstituição da capacidade económica, social e demográfica do seu sistema urbano não metropolitano, isto é, das cidades médias que estruturam o seu território de norte a sul, da costa à fronteira. Esta é a primeira tarefa para sairmos dos dilemas em que nos encontramos.

É nisto que consiste a opção pela qualificação do país, isto é, por uma reorganização que supere vulnerabilidades e que quebre dependências, tanto internas como externas. Esta tarefa deve cumprir-se em articulação com o que é preciso fazer na AMP, cujo enfraquecimento se tem tornado notório, no quadro de uma região Norte em perda demográfica. E também, e de forma essencial, em articulação com a AML, cuja consolidação tem de se fazer através de atividades em emprego de grande valia, com qualificação, e não da crescente disponibilidade de recursos para uso extensivo, precário e mal remunerado ou pela mercadorização do imobiliário e do seu território central urbano, tendo por consequência as dinâmicas periféricas aqui identificadas. Enfim, uma consolidação metropolitana que siga uma trajetória inversa daquela que se foi fazendo ao longo deste século.

Referências

Bandeirinha, J. A. (2020). «Cidades e redes urbanas: o papel da(s) cidades(s) no equilíbrio do território», Reis, J. (coord.), *Como Reorganizar um País Vulnerável?* Coimbra: Actual, pp. 345-376.

Caldas, J. C. (2022). «Lisboa, enclave turístico: um polo em declínio num país unipolar», in Ana Drago, Coord. *A Segunda Crise de Lisboa: Uma Metrópole Fragilizada.* Coimbra: Actual, pp. 57-77

INE [Instituto Nacional de Estatísticas] (2014). *Cidades Portuguesas: Um Retrato Estatístico.* Lisboa: INE.

Lopes, A. S. (1987). *Desenvolvimento Regional: Problemática, teoria, modelos.* Lisboa: Fundação Calouste Gulbenkian [3.ª edição].

Reis, J. (2009). *Ensaios de Economia Impura.* Coimbra: Almedina [2.ª edição].

Reis, José (2018). *A Economia Portuguesa: Formas de Economia Política Numa Periferia Persistente (1960-2017).* Coimbra: Almedina.

Reis, J. (coord.) (2020). *Como Reorganizar um País Vulnerável?* Coimbra: Actual.

CAPÍTULO 2

Lisboa, enclave turístico: um polo em declínio num país unipolar

José Castro Caldas[1]
(Centro de Estudos Sociais da Universidade de Coimbra)

1. Introdução

Em capítulo anterior deste livro, José Reis analisa a coexistência do reforço do peso de Lisboa no quadro territorial de um país unipolar (em consequência da fragilização ou submersão do sistema urbano não metropolitano) com a consolidação nesse polo de «um modelo económico bloqueado, que se tornou menos criador de valor e de bem-estar, e que remunera pior a mão-de-obra de que abundantemente dispõe» (Reis, 2022 ou neste volume, p. 28).

---

[1] Trabalho parcialmente financiado através da FCT – Fundação para a Ciência e a Tecnologia no âmbito do projeto «REVAL – Da desvalorização interna à revalorização do trabalho: o caso de Portugal». Referência: PTDC/SOC-SOC/28811/2017.

Interessa-nos aqui explorar em maior detalhe uma das vertentes do processo identificado por Reis: o declínio socioeconómico do polo metropolitano de Portugal. Partimos da hipótese, já investigada para a escala nacional em trabalhos anteriores (Caldas, 2020; Teles *et al.*, 2020), de que o declínio socioeconómico experimentado em Portugal, traduzido sobretudo em estagnação da produtividade e dos salários médios (mesmo depois de em 2013 ter tido início uma recuperação do nível emprego), é largamente atribuível a uma alteração da estrutura da economia em que se destaca o reforço do peso das atividades ligadas ao turismo no VAB e no emprego.

Dado que entre 2013 e 2019, Lisboa se constituiu no principal palco desta transformação estrutural, a ponto de se poder falar – porventura exageradamente – da emergência de um enclave turístico na cidade, o declínio relativo particularmente pronunciado no polo-capital, que coincide no tempo e se sobrepõe à fragilização do sistema urbano não metropolitano, pode porventura ser – pelo menos em parte – explicado pela rápida e pronunciada expansão das atividades associadas ao turismo na cidade capital.

Em busca de confirmação ou infirmação desta hipótese, este capítulo desenrola-se em quatro momentos. O primeiro consiste num breve quadro da evolução recente do turismo à escala global, com foco no modo como as cidades se constituíram em arenas privilegiadas desta atividade e como têm sido por ela transformadas. O segundo avalia as proporções da bolha turística em Portugal às diferentes escalas territoriais, com foco em Lisboa. O terceiro avalia as consequências socioeconómicas da transformação estrutural experimentada na cidade capital, e o seu impacto na organização do território. A última secção apura conclusões e antecipa as consequências para o futuro da cidade da alteração estrutural ocorrida entre 2013 e 2019.

2. O turismo como indústria e as cidades como objeto de consumo

Longe das suas origens elitistas no *grand tour* dos jovens aristocratas britânicos do século das luzes, o turismo massificou-se, tornando-se numa indústria que se dedica à transformação de valores ambientais, culturais e de amenidades diversas em objetos de consumo mercantil e de valorização económica e financeira.[2] O Conselho Mundial de Viagens e Turismo (*World Travel and Tourism Council* – WTTC), representativo dos principais interesses empresariais do sector, estima que em 2018 a indústria do turismo representava 10,4% do Produto Interno Bruto (PIB) mundial, o que faria dela uma das maiores à escala global, depois apenas da indústria transformadora.[3] A mesma organização sublinha o rápido crescimento do sector nas últimas décadas.

A expansão do turismo em geral, e da sua faceta internacional em particular, tende a ser atribuída a causas genéricas, como a redução das barreiras de ordem política à mobilidade internacional; a emergência em alguns grandes países de uma classe média relativamente endinheirada, cujos padrões de consumo tendem a transitar dos bens básicos e dos duradouros para os intangíveis

---

[2] Do ponto de vista estatístico (Classificação de Atividades Económicas), o turismo não é uma «indústria» ou sequer uma «atividade económica». No entanto, o Instituto Nacional de Estatística e a generalidade dos institutos estatísticos nacionais apresentam anualmente contas satélites do turismo, construídas a partir de imputações de valores (por exemplo, emprego e/ou Valor Acrescentado Bruto) de atividades relacionadas com o turismo, nomeadamente: hotéis e similares, residências secundárias por conta própria, restaurantes e similares, transportes ferroviários, transportes rodoviários, transportes marítimos, transportes aéreos, aluguer de equipamento de transporte, agências de viagens, operadores turísticos e guias turísticos. As atividades mais implicadas no «turismo» são, evidentemente, a hotelaria e a restauração, representando em conjunto 78% do emprego turístico.

[3] Ver «Importance of Tourism Industry Grows», TR (tourism-review.com).

associados a novas experiências existenciais; a maior acessibilidade a informação relevante, em consequência da digitalização; a redução dos custos de transação nas redes digitais; e, sobretudo, o embaratecimento dos transportes aéreos e a densificação das suas redes *low cost,* assim como do alojamento de curta duração igualmente a baixo custo.

Um segmento da indústria turística particularmente dinâmico tem explorado as virtualidades das cidades como *locus* de estadias curtas, de um a três dias. Segundo fontes citadas em Bock (2015),[4] que reportam números de chegadas anuais em diversos países e localidades, este segmento, designado turismo urbano ou turismo de cidade, tenderia a crescer acima do conjunto dos destinos. Contrariando a ideia de que as chegadas turísticas a cidades se relacionam mais com atividades de trabalho do que de lazer, as mesmas fontes mostram que, no segmento «férias», o turismo urbano tende a progredir em atratividade, em alguns casos em detrimento dos anteriormente dominantes destinos de sol e praia.

Entre as causas da crescente popularidade dos destinos urbanos (Bock, 2015; Postma *et. al.*, 2017) figuram, como já referido, a densificação da cobertura das cidades pela rede de voos *low cost* e o incremento de oportunidades de alojamento também a baixo custo. Diversos autores (ver por exemplo Dunne *et. al*, 2010) identificam nas décadas recentes a emergência de um novo tipo de viagem, que designam por *city break trip*, definida como viagem de lazer de curta duração a uma cidade, sem pernoita noutros destinos que não a cidade-alvo. A disponibilidade de transportes *low cost* dispensa a diluição dos custos de transporte anteriormente só possível com estadias longas e favorece a substituição dos tradicionais períodos de férias prolongadas por deslocações mais frequentes e curtas. Por serem breves, estas deslocações pressupõem um foco territorial ao mesmo tempo delimitado no espaço e capaz de oferecer uma variedade de bens (culturais e experienciais)

[4] Euromonitor International (2015), *Top 100 City Destinations Ranking.*

suscetíveis de valorização e de fruição como bens de consumo. As cidades passam a ser entendidas não já como porta de chegada ou de partida para a viagem que conta, mas como destino de pleno direito.

Contrariamente a outros tipos de turismo, prevalecentes no passado, caracterizados pela prevalência da segregação entre turistas e residentes, com os primeiros por vezes confinados em enclaves territoriais designados *resorts*, o turismo urbano valoriza precisamente a imersão no território, com a população local. Evitando a velha «atração turística» do turismo de enclave, os turistas urbanos procuram «experiências locais autênticas», dedicam-se à exploração de bairros típicos, de cafés, de bares e de mercados frequentados por residentes (Bock, 2015). Imersos na cidade e fundidos com os locais, os turistas passam então a partilhar com eles as mesmas amenidades, os mesmos espaços de consumo e de entretenimento e o mesmo espaço residencial.

A transformação das cidades em destino de fluxos massificados de procura turística teve, e tem, forte impacto nos territórios alvo. O turismo alimenta processos que a geografia crítica tem descrito e analisado como de neoliberalização das cidades (ver, por exemplo, Brenner e Theodore, 2002, 2005; Miró, 2011). Na senda do contributo seminal de Harvey (1988), estes processos começaram por ser encarados como manifestações de uma transição generalizada do «gestionarismo urbano» (*urban managerialism*) para o «empreendedorismo urbano» (*urban entrepreneurialism*). Neste quadro conceptual, o *gestionarismo* corresponde ao modo característico de governação urbana na América do Norte e na Europa Ocidental associado ao regime de acumulação fordista-keynesiano, comprometido com a redistribuição baseada sobretudo na garantia de componentes não-mercantis do Bem-Estar e no alargamento da provisão de serviços públicos às populações das cidades.; já o *empreendedorismo urbano* corresponde a um modo de governação caracteristicamente neoliberal, originalmente concebido em cidades que ao longo das décadas de 1970 e 1980 experimentaram processos de desindustrialização calamitosos, de concentração de residentes empobrecidos nos centros urbanos e de retirada de apoio orçamental por parte dos governos centrais. A partir da década de 1980, o empreendedorismo urbano disseminou-se à escala global, assumindo formas variegadas. Em 1988, Harvey constava que, confrontados com o risco de declínio, governos das cidades muitas vezes de persuasões políticas muito diferentes iniciavam processos de revisão, primeiro, das suas conceções de governação da cidade e, depois, das suas estratégias, práticas políticas e instituições. Agora, para eles, o único modo possível de combater o declínio urbano consistiria em atrair os capitais multinacionais móveis e a procura externa, nomeadamente sob a forma de investimento imobiliário, turismo e serviços financeiros, assim como em cativar novos residentes, pessoas altamente qualificadas ou endinheiradas. O governo empreendedor das cidades deveria, portanto, cuidar da «competitividade» da cidade, do seu posicionamento nos *rankings* dos «melhores lugares para fazer negócios».

Como traços característicos deste novo empreendedorismo, Harvey identificava a substituição da provisão pública por regimes de provisão público-privados; a prevalência de dinâmicas especulativas sobre o planeamento; e o predomínio da atração do capital e da facilitação do investimento, em desfavor da melhoria das condições de vida ou de trabalho num dado território.

Através de análises assentes em numerosos estudos de caso, a geografia crítica tem mostrado que, sob a aparência de reabilitação ou restruturação urbana, as dinâmicas favorecidas pelo empreendedorismo urbano, sobretudo as imobiliárias e turísticas, tendem a resultar em processos de gentrificação ou – mais cruamente – de expulsão das populações urbanas para periferias, onde passam a estar sujeitas a condições mais degradadas de habitação e de mobilidade.

Estes estudos têm mostrado também que a natureza especulativa, não planeada, do novo empreendedorismo urbano tende a constituir-se num fator de incerteza e de risco, que acresce a todos os outros dos regimes financeirizados de acumulação.

No caso do turismo urbano, a sua expansão sem plano, o seu sucesso especulativo, tende a ser insustentável, já que os ativos em que se funda a sua rentabilidade como negócio se delapidam com o uso imoderado. A densificação dos usos turísticos dos espaços de «autenticidade» tende a segregar primeiro as populações locais e por último a afastar os próprios consumidores ocasionais vindos do exterior. Os espaços que deveriam ser de imersão e de fusão no território, com a população local, transformam-se então em enclaves turísticos desprovidos de toda a especificidade ou autenticidade, confundindo-se com os abundantes não lugares globais.

3. A bolha turística em Portugal e a sua distribuição territorial

A importância do turismo, já de si elevada no sul da Europa pelo menos desde a década de 1960, aumentou significativamente nos últimos dez anos (Drago, 2021), tendo crescido muito em países que foram sujeitos a programas de ajustamento do FMI, nomeadamente Portugal, Grécia e Espanha, constituindo neles – e em Portugal em particular – a principal alavanca da recuperação do nível de emprego. Segundo dados da Organização Mundial do Turismo (UNWTO), o turismo, cujo peso no PIB e no emprego total em Portugal rondava os 3% e os 4%, respetivamente, e parecia ter estagnado, começou a expandir-se a partir de 2008, para chegar em 2018 aos 7% do PIB e aos 9% do emprego (ver Figura 1). Os dados da UNWTO também indicam que Portugal foi um dos países do mundo onde o peso do turismo no Produto Interno Bruto (PIB) mais aumentou entre 2008 e 2018 – o sétimo entre 177 países – para se tornar num dos mais dependentes dessa atividade: 31.º em 177 (ver Figura 2).

Figura 1
Peso do turismo no PIB e no emprego total, Portugal, 1995-2018

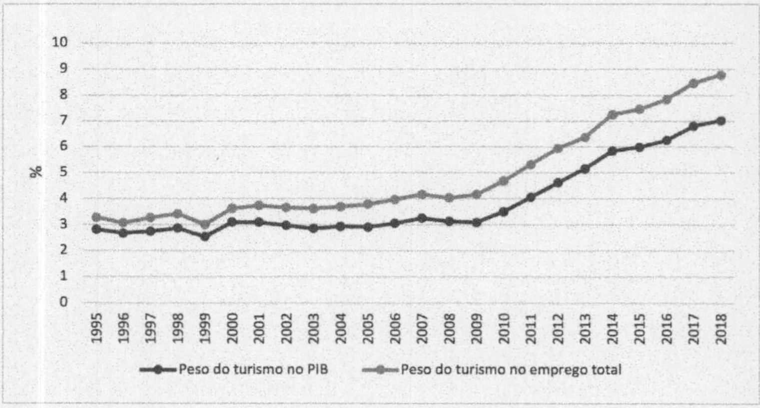

Fonte: Organização Mundial do Turismo (UNWTO).

Figura 2
Peso do Turismo no PIB em 2018 e variação do peso do turismo no PIB entre 2008 e 2018, 177 países

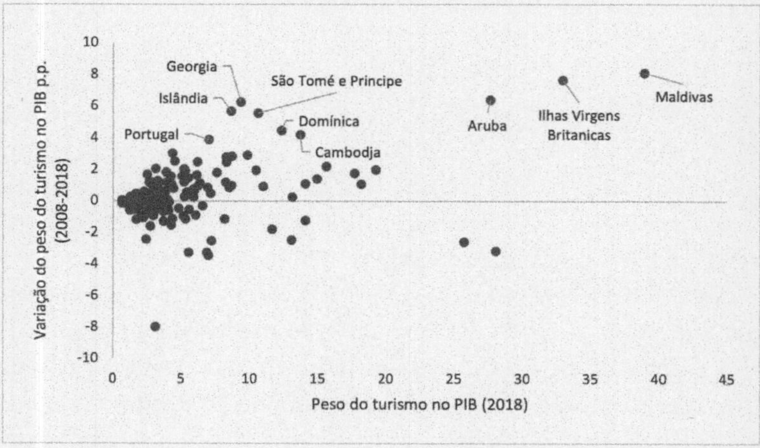

Fonte: Organização Mundial do Turismo (UNWTO).

Outras fontes e indicadores corroboram a extraordinária expansão do turismo em Portugal e, dado que oferecem informação desagregada até ao nível do município, permitem apreender a distribuição territorial da procura e da oferta. Segundo o INE (ver Figura 3), entre 2011 e 2019 o número de dormidas nos estabelecimentos hoteleiros passou de 32 para 60 milhões por ano no Continente. A parte mais significativa deste acréscimo de 28 milhões (10 milhões, ou seja, 35% do total) ocorreu na Área Metropolitana de Lisboa, e, em especial, na cidade de Lisboa (8 milhões, isto é, 27% do total nacional).[5]

Figura 3
Distribuição territorial do incremento do n.º de dormidas nos estabelecimentos hoteleiros, Portugal, 2011-2019[6]

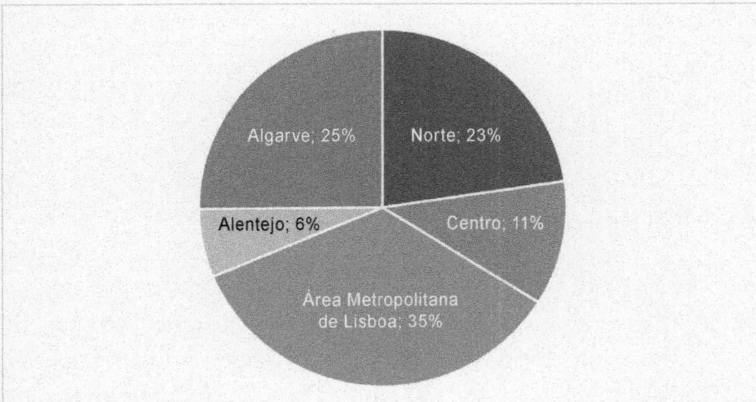

Fonte: INE, Inquérito à Permanência de Hóspedes na Hotelaria e Outros Alojamentos (IPHH).

Também no Continente, entre 2014 e 2019, a capacidade de alojamento nos estabelecimentos de alojamento turístico passou de 30,4 para 39,8 por mil habitantes – um acréscimo de 31%. Nas cidades de Lisboa e Porto, este aumento foi respetivamente

---

[5] No mesmo período, o acréscimo na cidade do Porto foi de cerca de 3 milhões (cerca de 10% do acréscimo total).

[6] Sob a designação de «estabelecimentos hoteleiros» estão incluídos hotéis, pensões, estalagens, pousadas, motéis, hotéis-apartamentos, aldeamentos turísticos e apartamentos turísticos.

de 51% e 63% durante esse período, o que é muito superior ao verificado em média e em todos os agregados territoriais de nível superior.

Tabela 1
Capacidade de alojamento nos estabelecimentos de alojamento turístico (por mil habitantes) por localização geográfica, Portugal, NUT I e NUTII, 2014-2019

	2014	2019	Var. % 2014-2019
Continente	30,4	39,8	31%
Norte	14,3	20,7	45%
Centro	20,7	28,7	39%
Área Metropolitana de Lisboa	23,3	32,3	39%
Alentejo	24,9	36,8	48%
Algarve	266,2	305,6	15%
Lisboa	84,8	128,2	51%
Porto	66,3	107,8	63%

Fonte: INE, Inquérito à permanência de hóspedes na hotelaria e outros alojamentos.

A inflação da bolha turística a partir de 2008 é atribuível, como em muitos outros casos, à crescente acessibilidade a baixo custo de Lisboa, Porto e Faro. A *Ryanair* iniciou a sua operação em Portugal em 2002 com um voo semanal entre Dublin e Faro, inaugurou o seu primeiro serviço para o Porto em 2005 com dois voos diários a partir de Londres e criou em 2009 uma base no aeroporto do Porto e posteriormente em Lisboa. A partir de 2010, verificou-se também um importante desvio de procura de outras localizações de baixo custo na orla mediterrânica, decorrente de instabilidade política e social, que encontrou em Portugal capacidade de oferta, sobretudo sob a forma de mão-de-obra suscetível de ser empregada também ela a baixo custo.[7] Como se torna claro a partir da consulta dos dados estatísticos territorializados, a bolha do turismo em Portugal é sobretudo urbana: 37% do acréscimo das dormidas

[7] Entre 2010 e 2019, o peso do turismo no PIB do Egito caiu de cerca de 8% para cerca de 5%, e de 10% para 7% no caso da Tunísia.

verificado entre 2011 e 2019 ocorreu nas cidades de Lisboa e Porto, onde reside cerca de 7% da população.

Apesar da sua extraordinária dimensão e ritmo, a bolha turística foi encarada com displicência, senão mesmo com deslumbramento, pelas autoridades nacionais e autárquicas. Para os autarcas rendidos à *doxa* do empreendedorismo urbano, turismo e imobiliário surgiam como atividades gémeas, portadoras de promessas de crescimento, de criação de emprego e de reabilitação urbana.[8] «Não sei o que é ter turistas a mais», opunha o ex-presidente da Câmara Municipal de Lisboa na III Cimeira do Turismo Português a quem lhe fazia notar os riscos da evolução verificada em Lisboa. Aos empresários do sector, apelava na mesma ocasião: é preciso «agarrar o extraordinário momento que estamos a viver» e «projetá-lo no futuro». Se alguma coisa havia a fazer, acrescentava, era «assegurar que não temos estrangulamentos na procura».[9, 10]

4. Mudança de estrutura económica e declínio em Lisboa

Característico da centralidade de Lisboa no conjunto do território é o facto de os salários médios nos estabelecimentos quer da AML, quer sobretudo da cidade, se situarem consistentemente ao longo do tempo consideravelmente bastante acima da média

---

[8] O turismo e o imobiliário são caracterizados em Drago (2021:16) como atividades «não-deslocalizáveis» que assumiram particular destaque no contexto pós-ajustamento em Portugal, isto é, setores «que se dedicam a "vender para fora" usos e propriedade de ativos imobiliários, e/ou serviços assentes em trabalho pouco qualificado e mal remunerado».

[9] «Fernando Medina: Não sei o que é ter turistas a mais», *Jornal de Negócios*, 27-9-2016. https://www.jornaldenegocios.pt/empresas/turismo---lazer/detalhe/fernando_medina_nao_sei_o_que_e_ter_turistas_a_mais.

[10] Em contrapartida, na véspera das eleições de que sairia derrotado, Medina afirmava em entrevista (*Diário de Notícias*, 21 de agosto de 2021) ir «propor a impossibilidade de abertura de mais alojamentos locais em Lisboa», já que na sua opinião o alojamento local tinha ido «longe demais».

do Continente e de todas as restantes macrorregiões (NUT I). As diferenças são consideráveis, com Lisboa (AML e cidade) sempre entre 20% e 40% acima da média (ver Figura 4). Essa vantagem salarial resulta, por um lado, de uma tendência das empresas e da administração pública para localizarem as funções mais elevadas na hierarquia organizacional e mais bem remuneradas junto dos centros de decisão sediados na capital e, por outro lado, de uma estrutura do emprego em que alguns sectores parcamente remunerados (como, por exemplo, a agricultura), relativamente a outras regiões, têm pouco peso.

Figura 4
Ganho médio mensal nominal nos estabelecimentos, Continente, NUTS II e Lisboa, 2013-2019

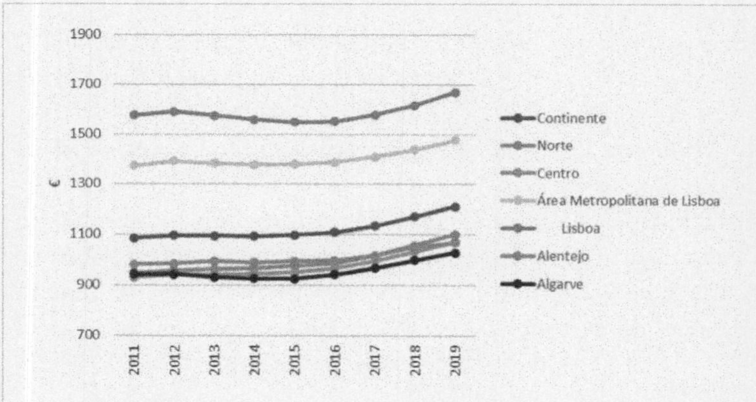

Fonte: MTSSS/GEP, Quadros de pessoal.

Acontece porém que, entre 2013 (ano em que teve início em Portugal a recuperação do nível de emprego depois da devastação causada pela Grande Crise Financeira e pelo ajustamento estrutural da troika) e 2019, os salários médios nominais à escala da AML e da cidade de Lisboa conheceram um modestíssimo incremento (6,8% na AML e 6% em Lisboa), inferior ao da média do continente (10,6%) e de todas as restantes macrorregiões o que no caso da capital, corresponde mesmo a uma redução em termos reais (ver Figura 5).

Figura 5
Taxa de variação do ganho médio mensal nominal 2013-2019, Continente, NUTS II e Lisboa

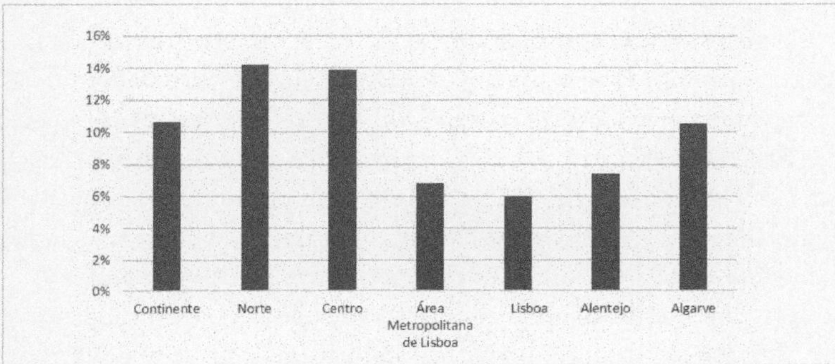

Fonte: MTSSS/GEP, Quadros de pessoal.

Em consequência, a distância percentual dos rendimentos salariais médios de cada macrorregião relativamente ao Continente diminuiu, num movimento que pode ser designado de convergência negativa, sendo o declínio da AML acompanhado da ascensão relativa das restantes regiões, à exceção do Alentejo (ver Figura 6).

Figura 6
Distância percentual do ganho médio mensal relativamente à média do Continente, NUT II, 2013-2019

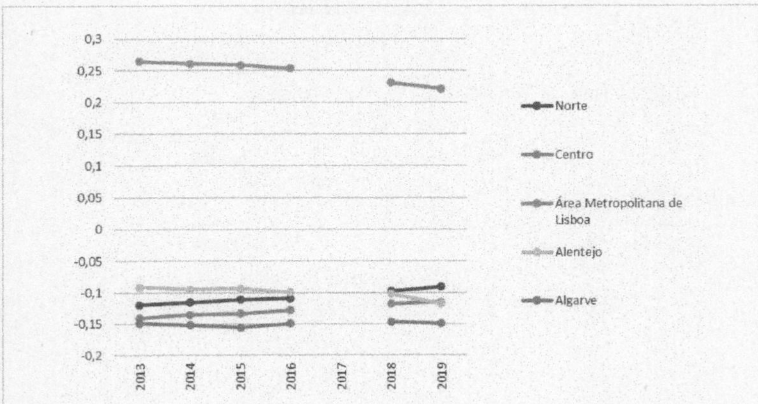

Fonte: MTSSS/GEP, Quadros de pessoal.

Esta convergência negativa é produto de dois movimentos: (a) alteração da estrutura de emprego (população empregada por conta de outrem) na AML, com reforço do peso de sectores de atividade parcamente remunerados; e (b) crescimentos nominais dos salários médios mais baixos na AML do que no Continente e nas restantes macrorregiões na generalidade dos sectores de atividade.

Entre 2013 e 2019, em consequência das dinâmicas de procura turística dirigida à cidade de Lisboa e da capacidade de oferta a baixo custo propiciada pelo *stock* acumulado de desempregados pela desvalorização salarial e pela disponibilização de imobiliário anteriormente residencial para funções turísticas, nomeadamente de alojamento local, ocorreu na AML uma importante alteração da estrutura de emprego que teve a cidade de Lisboa como epicentro. Esta alteração (ver Figura 7) caracteriza-se no fundamental pelo reforço do peso da principal atividade característica do turismo (alojamento, restauração e similares), em detrimento da indústria transformadora e das atividades financeiras e de seguros.

Figura 7
Variação do peso na estrutura por sector de atividade, AML, 2013-2019

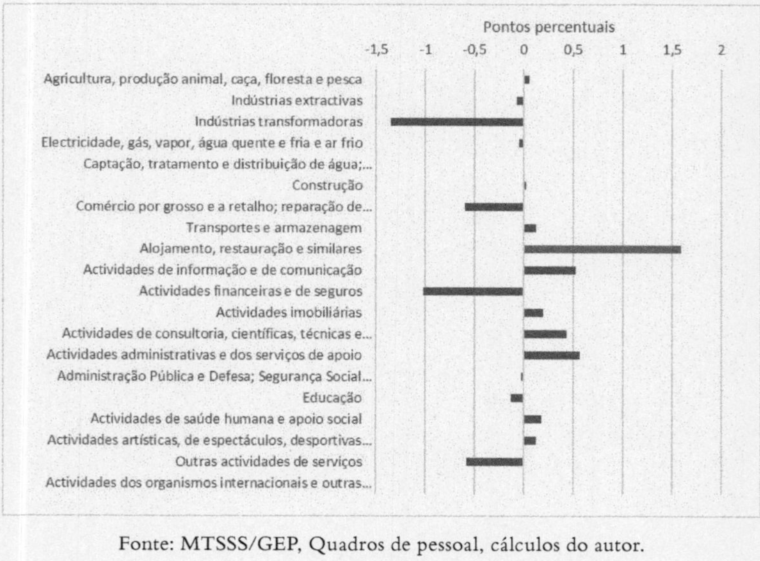

Fonte: MTSSS/GEP, Quadros de pessoal, cálculos do autor.

Se tivermos em conta que «alojamento, restauração e similares» é, no nível de desagregação dos dados que têm vindo a ser analisados, nomeadamente na AML, a atividade mais mal remunerada (ver Figura 8), não podemos deixar de admitir que o incremento do «alojamento e restauração» na estrutura de emprego tenha tido um impacto fortemente negativo na dinâmica dos salários médios. É de admitir também que este impacto tenha sido mais forte na AML do que nas restantes NUT. O incremento do peso do «alojamento, restauração e similares» ocorreu em todas as macrorregiões do Continente em proporções importantes e semelhantes: 1,6 pontos percentuais no Norte, 0,97 no Centro, 1,6 na AML, 1,2 no Alentejo e 1,8 no Algarve. No entanto, a distância entre o ganho médio da região e o ganho médio do «alojamento, restauração e similares» é muito maior na AML do que nas restantes regiões (ver Figura 9). Daqui resulta que o incremento do peso na estrutura de emprego do sector mais parcamente remunerado tem como consequência, no caso da AML, um muito mais forte efeito negativo de arrastamento sobre a média remuneratória regional.

Figura 8
Ganho médio mensal por sector de atividade, AML, 2019

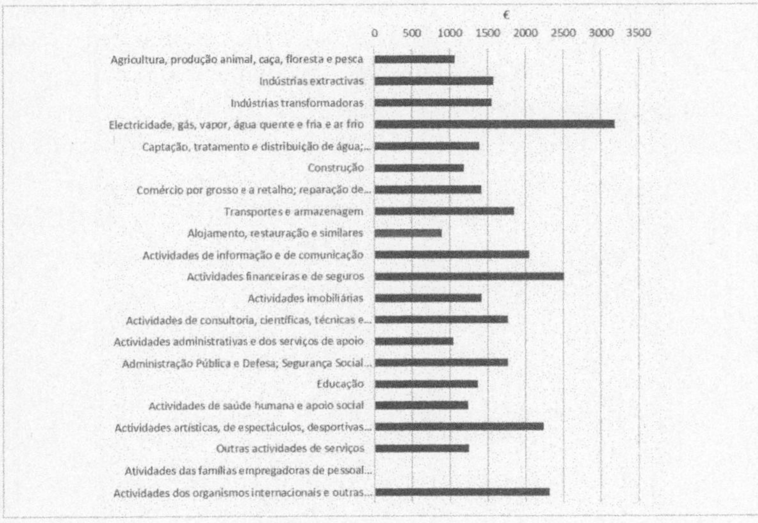

Fonte: MTSSS/GEP, Quadros de pessoal.

Figura 9
Desvio entre o ganho médio total e ganho do «alojamento e restauração», Continente e NUT II, 2019

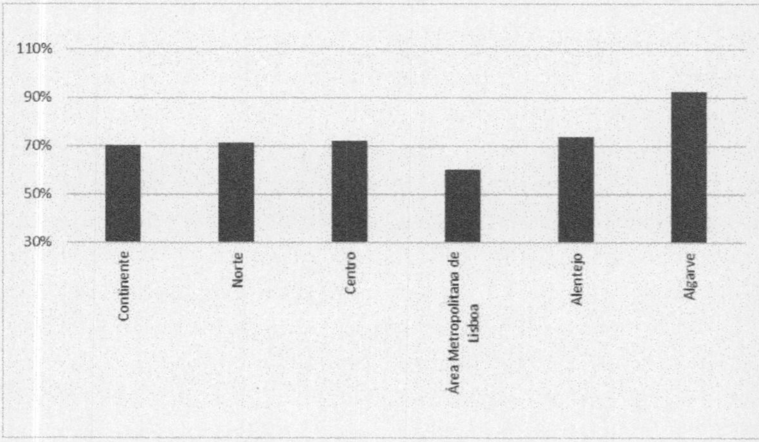

Fonte: MTSSS/GEP, Quadros de pessoal.

Os dados disponíveis permitem, portanto, concluir que parte substancial do declínio relativo nos níveis remuneratórios médios na AML pode ser atribuído a uma alteração de estrutura do emprego ocorrida entre 2013 e 2019, caracterizada pelo reforço do peso do sector com pior nível remuneratório («alojamento, restauração e similares»), a que corresponde a maioria esmagadora do emprego associado ao turismo. Mas os dados disponíveis mostram também que, entre 2013 e 2019, em quase todos os sectores de atividade, com exceção da administração pública e da educação, os salários nominais cresceram menos na AML do que na média do Continente (ver Figura 10) e das restantes NUT.

Figura 10
Diferença entre a variação dos salários nominais médios nos estabelecimentos da AML e do Continente por sector de atividade, Portugal, 2013-2019

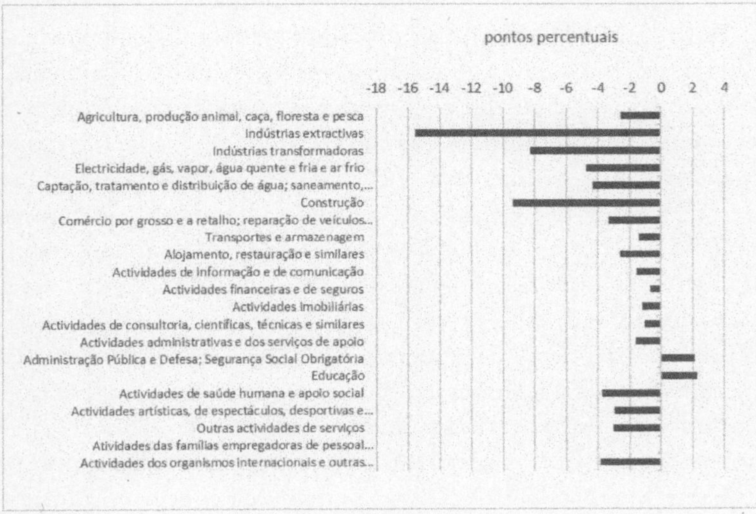

Fonte: MTSSS/GEP, Quadros de pessoal

Este diferencial na dinâmica intrassectorial dos salários participa, portanto, a par da alteração estrutural favorável ao principal sector característico do turismo, na explicação do declínio remuneratório relativo da AML. No entanto, contrariamente ao que ocorre relativamente à alteração estrutural, a suas causas não são fáceis de identificar. Uma hipótese, carente de investigação futura, remete para a possibilidade de a AML, em particular a cidade de Lisboa, estar a perder a sua posição privilegiada de localização de funções elevadas na hierarquia organizacional e mais bem remuneradas, não para outros pontos do território nacional, mas para polos exteriores ao território nacional onde as multinacionais detentoras de empresas estabelecidas em Portugal se encontram sediadas.

A alteração da estrutura de emprego na AML e, em particular, na cidade de Lisboa, a par da desvalorização intrassectorial do trabalho que aqui nos limitamos a assinalar, podem ter como consequência um processo cumulativo, dificilmente reversível, de desvalorização salarial. O «alojamento e restauração» e as atividades que o integram («alojamento» e «restauração e similares») são não só atividades parcamente remuneradas relativamente aos restantes sectores, como vimos, mas atividades que se contam entre as que têm menores níveis de produtividade (ver na Figura 11 a posição dos dois subsectores no eixo vertical) e que menor crescimento do VAB nominal por hora trabalhada experimentaram na década 2010-2019 (ver na Figura 11 a posição dos dois subsectores no eixo horizontal). A evolução nominal do VAB por hora trabalhada corresponde a uma quase estagnação, que contrasta com a da maioria dos restantes sectores e é reveladora da dificuldade de obter seja acréscimos de produtividade, seja acréscimos de preço nas atividades características do turismo. Essa dupla dificuldade implica que os baixos salários são uma condição de viabilidade das atividades turísticas que será difícil de ultrapassar dada a natureza trabalho intensiva da atividade e a pressão da concorrência pelos preços oriunda da bacia mediterrânica.

Figura 11

VAB/Horas trabalhadas a preços correntes, 2019 e sua variação entre 2010 e 2019

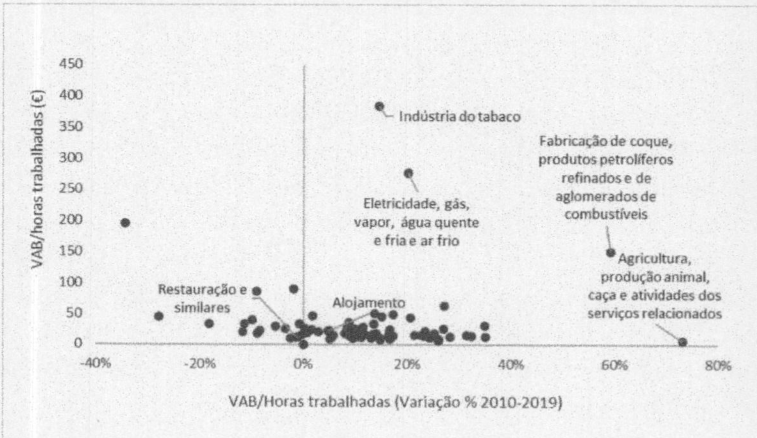

Fonte: INE, Contabilidade Nacional.

5. Notas conclusivas

Lisboa (assim como o Porto) experimentou a partir de 2008 uma rápida expansão da procura e da oferta turísticas, que culminou em 2019 no que pode ser descrito como uma bolha. O impacto em ambas as cidades e no quadro territorial do conjunto do Continente foi enorme.

As dinâmicas que alimentaram a formação da bolha do turismo em Lisboa e Porto decorreram quer da expansão da procura turística dirigida às cidades, quer da capacidade de oferta a baixo custo nesses espaços territoriais propiciada em Portugal pela abundância de mão-de-obra disponível também a baixo custo em consequência do desemprego originado pela crise financeira e pelo «ajustamento estrutural» da troika), quer ainda de políticas municipais e nacionais de fomento ao turismo. Influenciada pela visão neoliberal das cidades como ativo económico ou suporte territorial de bens suscetíveis de serem transacionados em mercados globais competitivos, a gestão autárquica de ambas as cidades encorajou, fomentou, a viragem da especialização produtiva para o turismo. Tomou-a, ao ponto do deslumbramento, como suporte duradouro de emprego e como motor de reabilitação urbana. À bolha turística correspondeu, com particular incidência na fase de recuperação do emprego iniciada em 2013, uma profunda reconversão económica, caracterizada pelo reforço na estrutura de emprego da principal atividade caraterística do turismo («alojamento e restauração»).

Dado que «alojamento e restauração» constituem um sector caracterizado por baixas médias salariais, a evolução dos salários médios ressentiu-se fortemente da mudança estrutural ocorrida. Na AML, onde as médias salariais são superiores às de todas as macrorregiões e a distância entre os salários do «alojamento e restauração» e a média regional é maior, o efeito deprimente da alteração estrutural no salário médio foi muito vincado. Entre 2013 e 2019 os salários médios da AML, superiores a todos os outros, cresceram muito abaixo da média do Continente e das restantes macrorregiões dando origem a uma convergência negativa dos níveis remuneratórios médios entre macrorregiões do Continente. O polo que sempre se destacou e continua a destacar por níveis salariais médios superiores à média do Continente e das restantes macrorregiões, revela assim sinais de declínio, convergindo negativamente para a média remuneratória do Continente.

Ocorre, porém, que além do efeito deprimente na média remuneratória da AML que resulta da alteração da estrutura de emprego há também um efeito deprimente nessa média que decorre de variações nominais das remunerações na maioria dos sectores, inferiores às verificadas no Continente e nas restantes macrorregiões. A explicação deste diferencial negativo na evolução das remunerações sectoriais na AML requer investigação futura. O declínio de Lisboa pode estar a traduzir-se num duplo movimento de enfraquecimento das vantagens da posição central (relativamente ao conjunto do Continente) e de aprofundamento da perifericidade (relativamente a outras áreas metropolitanas situadas fora do território nacional).

Entre as diversas vulnerabilidades reveladas pela pandemia, as que decorrem da sobreespecialização turística destacam-se como aquelas que possuem consequências mais graves. As atividades características do turismo nas grandes cidades têm sobrevivido apenas à custa dos apoios públicos. Ultrapassada a pandemia, não sabemos o que ficará como oferta turística em Lisboa e desconhecemos os contornos da evolução da procura internacional. Uma coisa, entretanto, é certa: dados os constrangimentos ao aumento da produtividade e dos preços nas atividades característica do turismo, um regresso pós-pandemia à sobreespecialização turística em Lisboa seria incompatível com a valorização salarial na região.

Referências

Bock, K. (2015). «The changing nature of city tourism and its possible implications for the future of cities», *European Journal of Futures Research*, 3 (20), https://doi.org/10.1007/s40309-015-0078-5.

Caldas, J. C. (2020). «A desindustrialização prematura e as possibilidades de reindustrialização em Portugal», Reis, J. (coord.), *Como Reorganizar um País Vulnerável?* Coimbra: Actual.

Drago, A. (2021). «Turismo e pandemia: fragilidades da internacionalização sitiada da economia portuguesa», *Cadernos do Observatório* #16, Observatório sobre Crises e Alternativas, Centro de Estudos Sociais.

Dunne, G., Buckley, J., e Flanagan, S. (2010). «Towards an understanding of international city break travel», *International Journal of Tourism Research*, 12 (5), pp 409-417, doi:10.1002/jtr.760.

Harvey, D. (1989). «From Managerialism to entrepreneurship: the transformation of urban governance in late capitalism», *Geografiska Annaler*, 71B, pp. 3-17.

Miró, S. V. (2011). «Producing a "Successful City": Neoliberal Urbanism and Gentrification in the Tourist City – The case of Palma (Majorca)», *Urban Studies Research*, vol. 2011, disponível em http://www.hindawi.com/journals/usr/2011/989676/.

Neil, B. e Nik, T. (eds.) (2002). *Spaces of Neoliberalism: Urban Restructuring in North America and Western Europe*. Oxford: Blackwell.

Neil, B. e Nik, T. (2005). «Neoliberalism and the urban condition», *City*, 9(1), pp. 101-107, DOI: 10.1080/1360481050009210.

Postma, A., Buda, D. M. e Gugerel, K. (2017). Editorial. *Journal of Tourism Futures*, 3 (2).

Reis, J. (2022). «A Economia Política da Área Metropolitana de Lisboa: uma metropolização de um país fragilizado.»

Teles, N., Caldas, J. C. e Martins, D. (2020). «Financialisation, labour and structural change: the case of Portuguese internal devaluation», Santos, A. C. e Teles, N. (eds.), *Financialisation in the European Periphery: Work and Social Reproduction in Portugal*. Londres: Routledge.

CAPÍTULO 3

Emprego e desemprego na AML: o risco da repetição

João Ramos de Almeida

Introdução: Evolução da crise sanitária

A 30 de janeiro de 2020, a Organização Mundial da Saúde declarou o estado de emergência de saúde pública causado pela doença covid-19. A 11 de março de 2020, considerou-a já uma pandemia internacional.

Em Portugal, a pandemia registou três vagas. A primeira iniciou-se em março de 2020 e atingiu o seu pico a 31 de março (com 1035 novos infetados), atenuando-se até maio desse ano. Uma segunda vaga escalou no início de outubro de 2020 e projetou-se exponencialmente até atingir um máximo diário a 26 de novembro (com 6383 novos casos). A partir daí, a pandemia esbateu-se até à quadra de Natal, apesar de manter um número de novos casos superior ao pico da primeira vaga (1835, a 28 de dezembro). Sem que a segunda vaga se tivesse dissipado, iniciou-se uma terceira vaga a partir do Natal, de rápida progressão, que atingiu o seu pico a 28 de janeiro de 2021 (com 16 432 novos casos), tendo vindo a reduzir-se sobretudo após a vacinação faseada da população.

Segundo os dados da Direção Geral de Saúde, a propagação do vírus pela população residente na região de Lisboa e Vale do Tejo – da qual a Área Metropolitana de Lisboa (AML) representa cerca de quatro quintos – contribuiu fortemente para estas três vagas. Isso verificou-se sobretudo na primeira vaga, em que a região de Lisboa revelou dificuldade em reduzir o número de pessoas infetadas, e na terceira vaga, em que os casos na AML explicam parte significativa da escalada: cerca de metade dos novos casos, muito acima do seu peso na população residente do país (menos de 30%).

Figura 1

Fonte: DGS.

A forma como a pandemia evoluiu em Portugal foi o resultado dinâmico entre a evolução dos contágios e os efeitos das medidas sanitárias que foram sendo adotadas para mitigar as suas consequências.

O prolongamento da pandemia e o receio político dos seus efeitos na atividade económica e no emprego, aliados quer ao atraso das instituições da União Europeia (UE) na definição de apoios para o conjunto dos Estados-membros, quer ao reduzido período de suspensão das regras orçamentais na UE (só até 2022), obrigaram os Estados nacionais a assumir a responsabilidade de lhe fazer frente. Sob uma enorme pressão, os governos nacionais tentaram prevenir o alastramento dos contágios e simultaneamente sustentar a atividade económica e os rendimentos dos trabalhadores.

Em Portugal, a pandemia traduziu-se na alternância entre, por um lado, um regime de governação de risco guiado pelo primado da saúde pública, mas sujeito a limiares de suficiência económica e social e, por outro, um regime que procurou o equilíbrio entre a saúde pública e a economia, que teve efeitos penalizadores tanto em termos de saúde pública como económicos.[1]

A pandemia e as medidas adotadas tiveram um forte impacto. A atividade económica caiu 2,2% no 1.º trimestre de 2020, mas afundou no 2.º trimestre, caindo 16,3%. O desconfinamento reanimou-a, abrandando a recessão (-5,7% e -6,1% respetivamente no 3.º e 4.º trimestres). Segundo o Banco de Portugal, já no 1.º trimestre de 2021 a terceira vaga da pandemia e os efeitos do confinamento geral na «redução acentuada do consumo privado» explicam a quebra do PIB em 5,4% face ao 1.º trimestre de 2020, que sofrera o impacto das medidas de confinamento no último mês (março de 2020). Assim, no conjunto, o ano de 2020 registou uma quebra do PIB em volume de 7,6%, superior à da zona euro (6,8%), refletindo a maior exposição da economia portuguesa ao turismo.[2]

Esta retração da atividade não se traduziu de forma direta no nível do emprego, que teve uma quebra homóloga de 1,7%. Este hiato ficou a dever-se à instituição do regime simplificado de *lay-off*, que proibiu certas formas de despedimento.[3] O Banco de Portugal

---

[1] João Ramos de Almeida e José Castro Caldas, *Saúde e Economia: a primeira, a segunda e a vaga de fundo*, Observatório sobre Crises e Alternativas, *Barómetro* n.º 22, 2-12-2020.

[2] Banco de Portugal, *A Economia Portuguesa em 2020,* Boletim Económico, maio de 2021, pág. 7.

[3] Contas Nacionais Trimestrais, INE, referentes ao 4.º Trimestre de 2020, 26/2/2021, https://www.ine.pt/xportal/xmain?xpid=INE&xpgid=ine_destaques&DESTAQUESdest_boui=414810864&DESTAQUEStema=55557&DESTAQUESmodo=2.

sublinha ainda a relevância dos incentivos à normalidade da atividade e a suspensão das obrigações fiscais, a par da continuação da política acomodatícia do Banco Central Europeu, das linhas de crédito com garantia pública (40% dos novos empréstimos) e do regime de moratórias, que abrangeu 33% do crédito no 2.º semestre de 2020, permitindo refrear as falências e manter níveis de emprego.[4] Por essa razão, o INE notava «um comportamento distinto entre o emprego medido em número de indivíduos e em número de horas trabalhadas»: a uma quebra de 1,6% no emprego correspondeu uma contração de 9,2% nas horas trabalhadas. Esta discrepância foi sobretudo notória no 2.º trimestre de 2020 (menos 3,8% no nível do emprego, contra 23,8% nas horas trabalhadas), o que revela a dimensão do desemprego poupado.

Apesar disso, a retração do emprego não se traduziu numa subida do desemprego de igual dimensão. À destruição de 81,1 mil postos de trabalho verificada em 2020 correspondeu uma subida de 11,3 mil no número de desempregados. Isto aconteceu porque a maior parte foi considerada como população inativa, que registou uma subida de 112,3 mil pessoas. Este fluxo da atividade para a inatividade é característico de conjunturas fortemente recessivas, em que os trabalhadores sem emprego ou já desempregados deixam de procurar emprego e, por isso, são tidos estatisticamente como inativos. Esta tendência foi igualmente observada na AML.

O objetivo deste capítulo é analisar a forma como a pandemia se repercutiu no tecido económico e no emprego da AML. Para tal, começamos por traçar a evolução detalhada das medidas de alcance transversal (por facilidade de análise apenas até 31 de março de 2021); seguidamente, analisam-se as suas repercussões no andamento da economia e no emprego da AML.

---

[4] Banco de Portugal, *A Economia Portuguesa em 2020,* Boletim Económico, maio de 2021, pág. 8.

2. Evolução das medidas de combate aos efeitos da pandemia

O enfrentamento da pandemia e dos seus efeitos sociais e económicos por parte do Estado traduziu-se numa complexa sequência de medidas de apoio económico e social, caracterizada por sucessivos deslizamentos na sua aplicação e pequenos alargamentos ou restrições do seu âmbito (ver anexo I no final do texto). Esse tipo de gestão política, nem sempre coerente, ficou igualmente patente na reformatação de apoios comunitários já existentes e na sua adaptação às novas necessidades.

Esta sucessão de medidas não foi neutra. Por um lado, demonstrou a preferência política pela ajuda às empresas e pela subsidiação – barata – de empregos, em detrimento do apoio direto aos trabalhadores. Por outro lado – como foi reconhecido por deputados do Partido Socialista[5] –, contribuiu para a complexidade das soluções e o emaranhado das regras, ao introduzir sucessivas «*nuances* e adendas» que resultaram numa excessiva filtragem no acesso. Como foi argumentado pelos responsáveis das confederações empresariais e patronais, a sucessão de alterações resultou num adiamento na validação das candidaturas e na atribuição dos apoios previstos, colocando em risco os objetivos de emergência.[6] Assim, e também por causa deste modelo de gestão, Portugal foi um dos países europeus que menos recursos públicos usou para combater a pandemia e os seus efeitos económicos e sociais.

---

[5] Audição conjunta da Confederação Empresarial de Portugal (CIP), Confederação Portuguesa das Micro, Pequenas e Médias Empresas (CPPME) e Confederação do Comércio e Serviços de Portugal (CCP), na Comissão eventual para o acompanhamento da aplicação das medidas de resposta à pandemia da doença covid-19 e do processo de recuperação económica e social, 30 de abril de 2021. https://canal.parlamento.pt/?cid=5365&-title=audicao-com-varias-entidades.

[6] *Idem.*

As queixas das confederações empresariais devem ser, porém, relativizadas, uma vez que as empresas foram as entidades para quem o Estado transferiu a parte mais substancial dos recursos reunidos para combater os efeitos da pandemia, como mostram os dados do quadro abaixo.

Figura 2

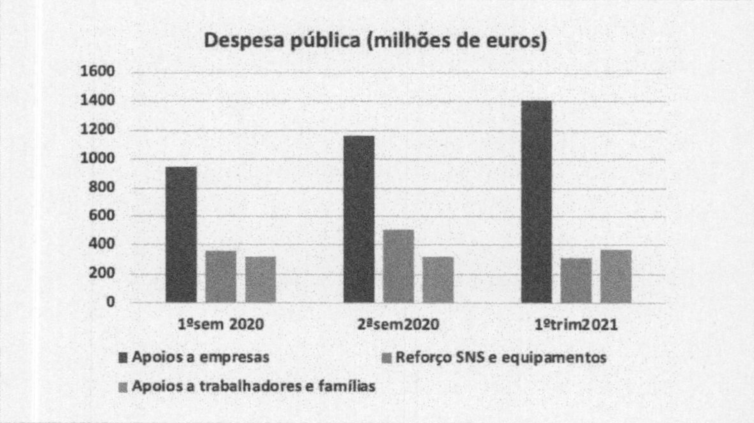

Fonte: A partir de DGO, Execução Orçamental, *Impacto orçamental das medidas adotadas no âmbito da* covid-19, de março de 2020 a março de 2021.

Analisando os dados da Direcção-Geral do Orçamento (DGO), dos cerca de 7100 M€ reunidos para fazer face à pandemia desde 2020 até março de 2021, tendo em conta tanto a despesa como a receita orçamental, cerca de metade dos valores registados correspondeu a apoios às empresas. Esses apoios assumiram formas diversas, entre as quais o *lay-off simplificado* (1095 M€), isenções de contribuições sociais (580 M€), apoios à restauração através do programa Apoiar.pt (532,7 M€), incentivo extraordinário à normalização (431,4 M€) e apoio extraordinário à retoma progressiva da atividade (388,1 M€). Relembre-se que aos apoios às empresas deverá juntar-se ainda a suspensão de arrecadação de receita tributária – isto é, os pagamentos de IRC, a prorrogação do pagamento de IVA, a suspensão de execuções fiscais, etc. – que correspondeu a 917,4 M€ em 2020 e a 399,4 M€ no 1.º trimestre de 2021, embora se trate de obrigações que terão de ser ainda pagas no futuro (e por isso estes valores não são integrados no gráfico acima).

No total, os apoios às empresas foram superiores aos investimentos em Saúde e instituições (cerca de 16% do total) e aos apoios diretos a trabalhadores e famílias (cerca de 15%). Nestes últimos, encontramos, entre outros, o apoio extraordinário à redução de atividade dos trabalhadores independentes (291,3 M€), o apoio ao rendimento dos trabalhadores (155,4 M€), o apoio ao isolamento profilático (114,2 M€), os apoios sociais às famílias (97,2 M€), os subsídios por doença (89,3 M€) e a prorrogação do subsídio de desemprego (53,8 M€).

Apesar dos montantes envolvidos, torna-se difícil avaliar a eficácia dos apoios, dada a fragilidade da informação oficial disponível.[7] A monitorização dos indicadores covid-19 do Ministério do Trabalho, Segurança Social e Solidariedade (MTSSS) faz-se com omissão de informação relevante sobre o efetivo grau de adesão às medidas. O caso do *lay-off* simplificado é exemplar neste aspeto: a medida concentrou cerca de um quinto do total das despesas com medidas anticovid e 15% do total dos recursos públicos mobilizados, mas a divulgação dos dados referentes aos

---

[7] Tanto o Ministério da Economia e da Transição Digital (METD) como o Ministério do Trabalho, Segurança Social e Solidariedade (MTSSS) partilharam a maior parte da responsabilidade na gestão dos apoios, mas a página *online* do METD (Gabinete de Estratégia e Estudos – GEE) apenas divulga estatísticas relativas ao regime de *lay-off* simplificado cujos dados mimetizam os que são facultados pelo Gabinete de Estratégia e Planeamento (GEP) do MTSSS. Já o MTSSS faculta bastante mais informação: no início da pandemia, foi notória a preocupação em fornecer dados estatísticos com uma regularidade extraordinária (nalguns casos diária), como forma de municiar o conhecimento coletivo durante a mais grave crise económica vivida pelos portugueses. Contudo, à medida que a pandemia se foi prolongando, ao anúncio das medidas não correspondeu informação adequada sobre a sua aplicação.

pedidos feitos ou aprovados é feita sem contabilizar as desistências ou prorrogações, nunca se chegando a conhecer o número de trabalhadores realmente abrangidos, a sua massa salarial ou a sua distribuição por tipo de empresa.[8]

Ainda hoje não conhecemos o número exato de trabalhadores em *lay-off* simplificado ao longo da pandemia, o que significa que não sabemos quem mais beneficiou com a medida. O primeiro-ministro chegou a referir que a esmagadora maioria das empresas apoiadas eram micro e pequenas empresas – o que era verdade –, mas omitindo que a maioria dos montantes de apoios públicos disponibilizados chegou, sim, a uma pequena minoria de grandes empresas. Esta informação não é despicienda, uma vez que a medida foi consagrada com um significativo desequilíbrio de esforço entre empresas e trabalhadores, que apenas foi

[8] Estas mesmas críticas foram feitas pelo Tribunal de Contas quando avaliou a implementação do *lay-off* simplificado: «Um dos riscos identificados na ação prende-se com a fiabilidade da informação de reporte», refere-se. «De facto, e pese embora se conheça o número de pedidos recebidos e validados, não se conhece a informação sobre os motivos de adesão das entidades empregadoras, número de prorrogações, prazos médios de deferimento e datas de pagamento, o que limita o acompanhamento, avaliação da execução e a identificação dos impactos do *lay-off* simplificado.» A falta dessa informação e a sua não publicação periódica até ao final do ano de 2020 prejudicou a transparência sobre a utilização dos recursos públicos disponibilizados. Acresce que tal informação é tanto mais relevante quanto a evolução da pandemia vai exigindo respostas contínuas e auxílios específicos. O próprio relatório do Tribunal de Contas é um exemplo da confusão de números produzidos, misturando trabalhadores das empresas apoiadas com trabalhadores abrangidos e, dentre estes, trabalhadores previstos nos pedidos iniciais e nos pedidos de renovação. Numa parte, menciona-se que o *lay-off* simplificado abrangeu 1 695 227 trabalhadores, mas logo depois fala-se em 1 357 318 ou, depois de expurgadas as renovações, 820 739 trabalhadores de 101 229 empresas até 30 de junho. Tribunal de Contas, *Covid19 – Implementação do lay-off simplificado durante a pandemia – relatório intercalar – Relatório n.º 1/2021 – OAC – 2.ª secção*, janeiro 2021, págs. 6 e 11.

colmatado a partir de 2021. A tardia recuperação de rendimento dos trabalhadores não evitou que parte significativa deles sofresse uma quebra durante a pandemia, fosse por estarem abrangidos pelo *lay-off* (que implicava até quase ao final de 2020 uma redução significativa do rendimento habitual), fosse por terem caído no desemprego, fosse ainda por o seu emprego ter sido apoiado ao abrigo das medidas de apoio às empresas, através de subsídios ou de bolsas de reduzido montante.[9]

Este tipo de lacunas na monitorização é igualmente visível no caso da AML (ver anexo). Por exemplo, no caso das baixas por isolamento e por doença, divulga-se o número acumulado, por um lado, entre abril e outubro de 2020, e por outro até 2 de março de 2021, mas não se conhece a sua duração, a evolução ao longo da pandemia, os seus montantes médios e se se trata de novas baixas ou de renovações. No caso do *lay-off* simplificado, como já foi referido, divulga-se o número de empresas apoiadas na AML – que oscilou entre as 20 mil no início de 2020 até um máximo de cerca de 32 mil empresas até setembro de 2020 –, desconhecendo-se os dados essenciais, tais como o número de trabalhadores abrangidos, a sua distribuição por tipo de empresa ou de atividade, ou a massa salarial.

A mesma falta de clareza nos números verifica-se com o Apoio à Retoma Progressiva (AERP). Para a AML, não existem dados disponíveis sobre esta medida se não os valores acumulados referentes a 2 de março de 2021, desconhecendo-se a sua evolução. Quanto aos apoios extraordinários à redução de atividade económica, medida destinada a proteger os trabalhadores

[9] Neste último caso, desconhece-se quantos foram porque o IEFP deixou de divulgar, desde abril de 2020, o seu Relatório de Execução Física e Financeira. O mesmo vazio de informação aconteceu com as estatísticas de monitorização do MTSSS cuja divulgação chegou a ser interrompida por decisão da equipa ministerial durante quase quatro meses, de 16 de outubro de 2020 a 12 de fevereiro de 2021, período que abrangeu grande parte da terceira vaga da pandemia.

independentes (TI) e os membros de órgãos estatutários de empresas (MOE), os números disponíveis são relativos a distritos, pedidos feitos e suas renovações, desconhecendo-se quantas pessoas foram deixando de ser apoiadas e quais os valores dos apoios concedidos.

Medidas locais

A par dos apoios transversais, diversos municípios da AML adotaram por si mesmos medidas de apoio. Dos 18 municípios, apenas Loures, Amadora, Vila Franca de Xira e Montijo responderam ao questionário formulado com vista à elaboração deste capítulo. Todos as medidas tiveram, no essencial, um âmbito municipal.

MEDIDAS	AMADORA	LOURES	MONTIJO	VILA FRANCA DE XIRA
Sanitárias		aquisição e distribuição de centenas de milhares de máscaras e viseiras pela população; criação de espaços de cuidado intermédio e de diagnóstico; participação na testagem de profissionais dos lares da rede social pública e privada e de apoio social; participação ao nível da AML para oferta de equipamentos ao SNS; refeições prestadas aos profissionais de saúde.		Postos de testagem, *drive-in Covid* e centros de vacinação; disponibilização de quintas municipais para acolhimento de doentes e pernoitas de pessoal médico.
Educação	1132 computadores portáteis para 12 agrupamentos de escolas; criação de escolas de acolhimento para filhos de trabalhadores de serviços essenciais.	Disponibilização de mil placas de Internet e 500 computadores, *tablets*, auscultadores e câmaras aos alunos mais carenciados sem meios para ensino à distância; obras para melhoria sanitária das instalações escolares.		

Apoios a IPSS	apoio financeiro; protocolo com a Associação Dignidade para fornecimento de medicamentos; colaboração com o Banco Alimentar e linha de apoio social alimentar e económico, com entregas ao domicílio.	Entregas de bens alimentares; ativação de centros de acolhimento de pessoas sem abrigo; protocolo com a Associação Dignidade para fornecimento de medicamentos; colaboração com o Banco Alimentar e linha de apoio social alimentar e económico, com entregas ao domicílio.	Entregas de bens alimentares; apoio financeiro.	
Apoios a famílias e empresas		refeições a escolas e crianças carenciadas; dinamização e promoção do comércio tradicional; apoio à restauração e táxis – «Entrega de refeições em casa»; promoção de compras junto das micro e pequenas empresas; requalificação e instalação de esplanadas.	Refeições a escolas e crianças carenciadas; apoio a publicidade em espaço público; apoios à tesouraria através da redução de rendas ou de isenção de obrigações de pagamentos fiscais ou de serviços ou através de extensão de tarifas sociais.	

As medidas repartiram-se, sobretudo, entre a complementaridade das medidas sanitárias tomadas ao nível central e a criação de uma rede mais capilar de proteção – com as limitações orçamentais conhecidas ao nível local – abrangendo as áreas da educação, do apoio social, as instituições particulares de segurança social (IPSS) e, de forma mais limitada, o apoio às famílias e à economia local.

Emprego, desemprego e inatividade na AML

Em 2019, a AML era composta por uma população residente estimada em 2,8 milhões de pessoas, das quais 2,4 milhões com mais de 16 anos, distribuída por 18 concelhos, entre a margem norte do rio Tejo (Lisboa, Sintra, Cascais, Loures, Oeiras, Amadora,

Odivelas, Vila Franca de Xira, Mafra) e a margem sul (Almada, Seixal, Setúbal, Barreiro, Palmela, Montijo, Moita, Sesimbra, Alcochete). Dois concelhos detinham 30% da população residente – Lisboa (17% do total) e Sintra (13%). Seguia-se-lhes um segundo grupo de menores dimensões: Loures/Cascais (com 7%), Amadora/Oeiras/Almada/Seixal (6%) e Odivelas (5%).

A população empregada da AML estava estimada pelo INE em 1,4 milhões de trabalhadores, dos quais 1,1 milhões de assalariados. Por local de trabalho, o concelho de Lisboa concentrava quase metade do emprego (46%), seguindo-se Oeiras (10%), Sintra (8%), Cascais e Loures (5%). A esmagadora maioria dos concelhos – exceções para Lisboa e Oeiras – detinha uma parte do emprego abaixo do seu peso na população residente, «fornecendo» trabalhadores, mais do que atraindo.

Segundo o Inquérito ao Emprego do INE, cerca de 22% da população residente na AML trabalhava em atividades tidas maioritariamente como públicas: administração pública (8% do total), educação (8%) e saúde (9,6%). A essas atividades, juntava-se o comércio e a reparação automóvel (12,9%), o alojamento e restauração (7,9%), os transportes e armazenagem (5,7%), a informação e comunicação (5,4%), as atividades de apoio às empresas (6%) e as artes (1,6%). Cerca de 9% trabalhava nas indústrias transformadoras e 6,4% estavam empregados na construção e no imobiliário. Por escalão de pessoal, os trabalhadores ao serviço das empresas com atividade na AML refletiam a centralidade da capital (Quadros de Pessoal do MTSSS). Três quartos dos seus trabalhadores repartiam-se de igual modo entre grandes e microempresas, enquanto o remanescente quarto do pessoal repartia-se entre pequenas e médias empresas.

Pandemia: O que se passou na AML?

Durante a pandemia, a AML registou uma quebra assinalável da sua população ativa. No conjunto de 2020, registou-se uma quebra de 35,2 mil pessoas.

Figura 3

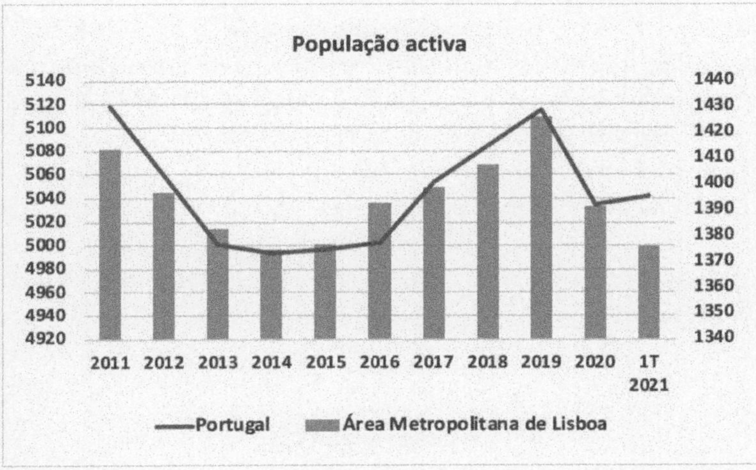

Fonte: INE, Inquérito ao Emprego.

A quebra verificada na população ativa da AML em 2020 face a 2019 atingiu 2,5%, sendo mais pronunciada do que no conjunto do país (-1,6%). Como é visível no gráfico, essa quebra interrompeu a trajetória ascendente observada desde 2016, regressando ao valor mínimo observado após a aplicação de programas de austeridade em 2010-2014, geradores de uma explosão nunca vista do desemprego e de uma emigração histórica, superior à verificada nos anos 60 do século XX.

Ora, quer na AML, quer no conjunto do país, a quebra observada em 2020 deveu-se sobretudo à diminuição da população empregada.

	2019 (milhares)	2020 (milhares)	Variação (milhares)	Variação (%)
População ativa	1426,5	1391,3	-35,2	-2,5%
População empregada	1324,7	1284,0	-40,8	-3,1%
População desempregada	101,8	107,4	5,6	5,5%
População inativa	945,2	985,2	40,0	4,2

Na AML, entre 2019 e 2020 perderam-se 40,8 mil postos de trabalho (-3,1%), o que representa cerca de 43% dos 81,2 mil postos de trabalho perdidos no conjunto da economia – isto é, uma percentagem superior ao peso do emprego da AML no país. Esta tendência acentuou-se no primeiro trimestre de 2021: em termos homólogos, a AML sofreu uma quebra de 37,3 mil postos de trabalho, o que corresponde a 60% do total para o país nesse período.

A quebra do emprego não foi, contudo, constante ao longo da pandemia.

Figura 4

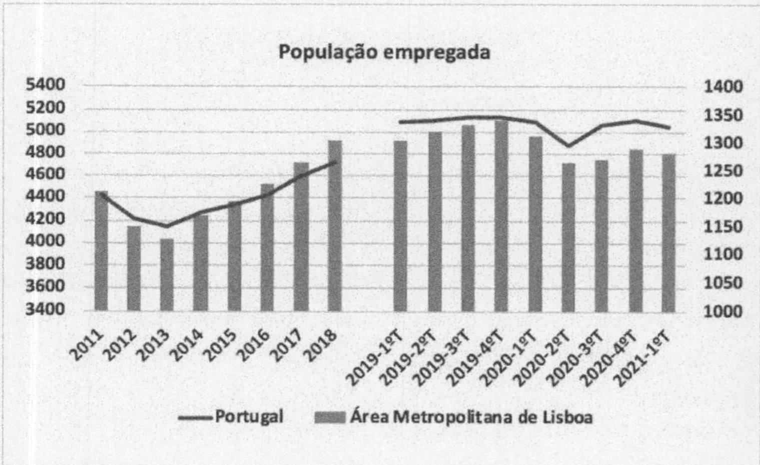

Fonte: INE, Inquérito ao Emprego.

Após uma ligeira descida no 1.º trimestre de 2020 e de uma quebra abrupta em termos homólogos no 2.º trimestre – 70,5 mil pessoas (-5%) – o emprego na AML pareceu estabilizar a um nível significativamente abaixo do valor de 2019. Contudo, se o emprego se retraiu em todo o país, as quebras sofridas na AML foram bem mais pronunciadas, sobretudo na segunda metade de 2020. E no 1.º trimestre de 2021 verificou-se de novo uma queda no emprego.

Os dados da Segurança Social relativos aos descontos feitos para os trabalhadores no ativo, dependentes e independentes, nos distritos de Lisboa e Setúbal (que englobam mais concelhos do que a AML) corroboram em parte esta conclusão do INE.

Figura 5

Fonte: ???

Contudo, estes dados criam algumas incoerências no que toca à comparação da quebra do emprego na AML face à média nacional. Segundo os dados da Segurança Social, até agosto de 2020, a quebra do número de trabalhadores com descontos, tanto dependentes como independentes, foi ligeiramente mais pronunciada no conjunto do país do que em Lisboa e Setúbal. A partir desse período, os dois distritos principais da AML sofrem uma quebra mais pronunciada do que o conjunto do país em fevereiro de 2021, quase atingindo -3,5% face a março de 2020, um mês que ainda não tinha sido afetado pelo primeiro confinamento geral.

Figura 6

Fonte: Instituto de Segurança Social.

Uma das questões relevantes no que toca à economia da área metropolitana é saber que emprego foi este que se reduziu tão significativamente? Em que atividades?

Não há fonte estatística que siga, de forma atualizada e exaustiva, a dimensão do emprego por ramos de atividade na AML. Porém, os dados estimados pelo INE, no Inquérito ao Emprego, permitem alguma discriminação. Esses dados mostram o que se terá passado na primeira vaga (sobretudo no 2.º trimestre de 2020), na segunda vaga (2.º semestre de 2020) e na terceira vaga (1.º trimestre de 2021), nomeadamente quais foram as atividades mais afetadas pela destruição de postos de trabalho na AML e qual o grau de recuperação ou agravamento entre os diversos períodos.

Figura 7

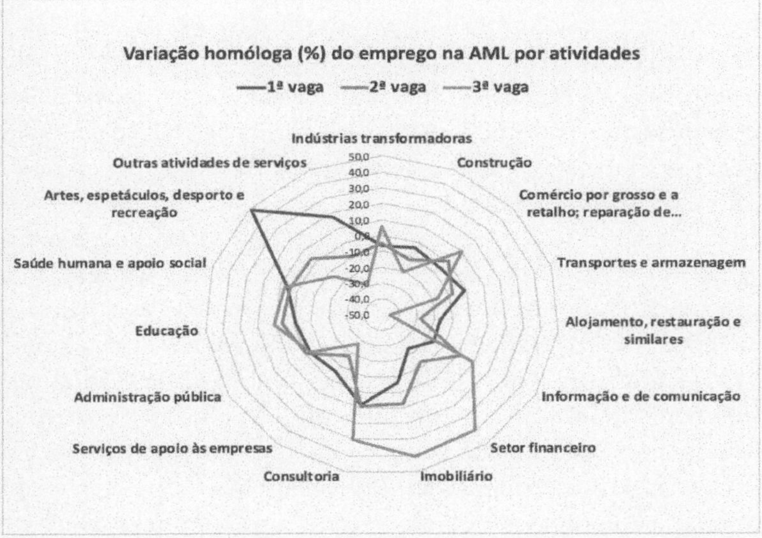

Fonte: INE, Inquérito ao Emprego.

A desigual evolução do emprego entre ramos de atividade revela os distintos impactos económicos da pandemia e das medidas adotadas. A primeira vaga afetou a generalidade das atividades, à exceção de consultoria, saúde e artes e espetáculos. Já a segunda vaga revelou um fosso entre atividades: por um lado, houve um grupo mais alargado com variações homólogas positivas de emprego, ainda que numa dimensão diminuta (consultoria, educação, saúde, comércio e informação e comunicação); por outro lado, outras atividades registaram ou mantiveram quebras de emprego significativas (em particular, alojamento e restauração, serviços de apoio às empresas, construção, indústrias transformadoras). Esta tendência foi ampliada na terceira vaga: por um lado, acentuou-se a depressão nas atividades já anteriormente paradas e, por outro, o emprego cresceu significativamente nas atividades já reanimadas, sem que o novo confinamento parecesse afetá-las, a que se juntaram agora as indústrias transformadoras.

Esta evolução merece ser analisada para o conjunto do país nas últimas décadas.[10] Ao longo dos últimos 20 anos, o sector dos serviços marcou fortemente a evolução do emprego criado e destruído, registando elevada volatilidade. Comparativamente, o sector industrial revelou maior dificuldade na criação de novos postos de trabalho, embora esses postos de trabalho tenham resistido melhor aos períodos de recessão.

A volatilidade do setor dos serviços tem vindo a aumentar, o que foi percetível agora na AML ao longo das três vagas da pandemia. Na primeira vaga, o sector dos serviços não públicos explicou 77% da redução do emprego, passando a 91% na segunda vaga e a 89% na terceira, evidenciando uma dimensão muito superior à do sector da construção (com 4%, 14% e 39% da redução do emprego na AML nas três vagas, respetivamente) ou das indústrias transformadoras (respetivamente 14%, 10% e atenuando mesmo o emprego perdido na terceira vaga com uma subida de emprego). Em sentido inverso, os serviços tidos como públicos – administração pública, saúde e educação – registaram uma subida do emprego, atenuando assim a destruição de emprego total em 6%, 19% e 57% nas três vagas, respetivamente.

Esta distribuição diferenciada entre atividades teve, todavia, um padrão específico na AML no que toca ao tipo de emprego mais afetado.

---

[10] João Ramos de Almeida, *Novo Desemprego: As fragilidades de uma opção produtiva nacional*. Observatório sobre Crises e Alternativas, *Barómetro* n.º 21, 8/5/2020.

Figura 8

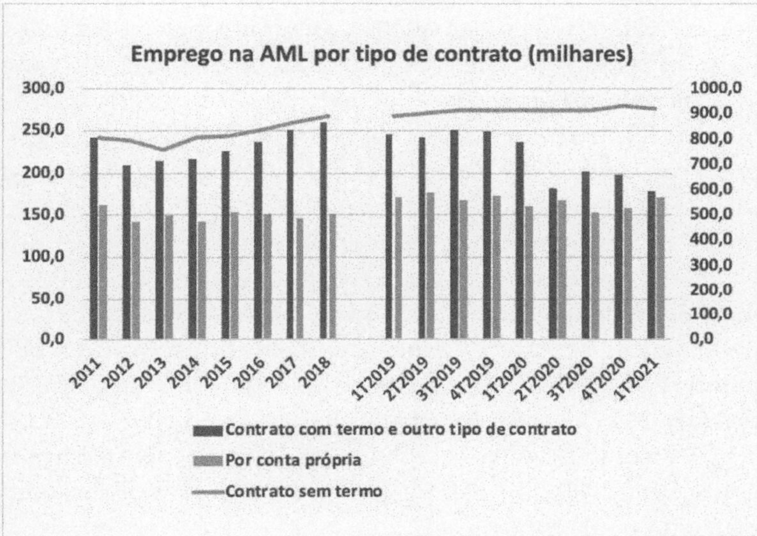

Fonte: INE, IE.

	2019 (milhares)	2020 (milhares)	Variação (nº)	Variação (%)
Por conta própria	171,9	160,0	-11,9	-6,9
Por conta de outrem	1151,0	1122,8	-28,1	-2,4
dos quais contratos sem termo	903,8	918,3	14,5	1,6
Contratos a termo	201,3	164,2	-37,2	-12,0
Outros tipos de contrato	45,9	40,4	-5,5	-12,0

Fonte: INE, Inquérito ao Emprego.

Observando o quadro gerado pela pandemia, dir-se-á que a situação laboral na AML melhorou: os empregos com contratos permanentes, que representavam em 2019 cerca de 68% do emprego da AML, passaram em 2020 para 72%. Contudo, a subida do emprego permanente (mais 14,5 mil pessoas) não compensou o desaparecimento de empregos precários, tanto por conta de outrem como por conta própria (54,6 mil postos de trabalho). No 1.º trimestre de 2021, esta tendência acentuou-se: em termos homólogos, subiu ligeiramente o emprego com contratos sem termo, mas aumentou o número de postos de trabalho precários destruídos, ao mesmo tempo que se observou uma subida no emprego por conta própria.

Como sucede em qualquer período recessivo, a retração económica na AML, em 2020, derrubou primeiro os contratos precários, detidos por trabalhadores de menores qualificações e mais jovens: a nível nacional, dois terços dos trabalhadores com menos de 25 anos têm relações de trabalho não permanentes, tais como estágios, períodos experimentais, ou contratos a termo.[11] Também as mulheres foram mais atingidas pela destruição de postos de trabalho do que os homens, embora tenham sido elas que tenderam a substituir os homens no emprego entretanto criado. A destruição de postos de trabalho afetou sobretudo trabalhadores com o ensino básico ou secundário, dado que o emprego que cresceu em 2020 na AML foi sobretudo entre os trabalhadores com ensino superior.

Este perfil do desemprego ajusta-se ao sucedido no emprego segundo a antiguidade na empresa. A destruição de emprego verifica-se especialmente nos postos de trabalho até 11 meses de antiguidade, grande parte detida por trabalhadoras. Por outro lado, parte significativa dos postos criados em todos os escalões de antiguidade emprega agora mulheres, possivelmente de remunerações salariais mais baixas.

Esta descartabilidade dos contratos mais fragilizados traduz-se igualmente noutra faceta dessa desigualdade: de entre os trabalhadores por conta de outrem, foram sobretudo os que auferem salários mais baixos que foram afetados, reduzindo-se ligeiramente o seu peso na distribuição salarial. E essa tendência manteve-se no 1.º trimestre de 2021.

---

[11] Ricardo Paes Mamede e outros, *Portugal: Uma análise rápida do impacto da Covid-19 na economia e no mercado de trabalho*, OIT, junho de 2020.

Rendimentos salariais mensais líquidos dos TPCO

	2019 (milhares)	2020 (milhares)	Variação (n.º)	Variação (%)
Total TPCO	1151,0	1122,8	-28,2	-2,4
Menos de 310 euros	26,8	17,1	-9,7	-36,1
De 310 a 600 euros	85,6	53,7	-31,9	-37,3
De 600 a 900 euros	393,5	385,2	-8,3	-2,1
De 900 a 1200 euros	195,1	202,2	7,1	3,7
De 1200 a 1800 euros	209,1	242,0	32,9	15,7
De 1800 a 2500 euros	64,7	71,4	6,7	10,4
De 2500 a 3000 euros	19,2	20,0	0,8	4,2
Mais de 3000 euros	24,0	24,9	0,8	3,1
Não sabe/Não responde	133,1	106,5	-26,6	-20,0

Estes dados parecem ser confirmados pelas estatísticas da Segurança Social relativas ao valor das remunerações declaradas. Por um lado, com o primeiro confinamento registou-se um forte abrandamento na subida do total das remunerações declaradas por trabalho dependente que se vinha verificando desde 2015. Nos distritos de Lisboa e Setúbal, o seu valor aumentou em 4,4% em 2016, 6% em 2017, 7,6% em 2018 e 8,3% em 2019, mas em 2020 caiu para 2%. Essa queda abrupta não se repercutiu da mesma forma na evolução do valor médio da remuneração mensal dos trabalhadores dependentes. Em ascensão desde 2015, com uma subida mais elevada em 2019 (+2,7%), o valor médio da remuneração do trabalhador dependente aumentou em 2020 quase ao mesmo nível do ano anterior (+2,4%), o que pode ser explicado pela redução do emprego dos escalões mais baixos de remuneração. Em Lisboa, passou de 1085,76 euros para 1112,66 euros; e, em Setúbal, de 958,35 euros para 977,90 euros. Pelo contrário, as contribuições dos trabalhadores independentes registaram uma quebra acentuada, passando de uma subida de 20,2% em 2019 para um recuo de 10%, confirmando uma destruição acentuada de empregos independentes. Esta tendência foi ainda acentuada no 1.º trimestre de 2021.

A par desta evolução, observou-se nesse mesmo período uma descida do valor médio dos diversos subsídios de desemprego atribuídos e processados pela Segurança Social.[12] De forma mais acentuada no distrito de Lisboa, desde abril de 2020 o valor médio iniciou uma trajetória de descida, passando de 566,31 euros em abril de 2020 até atingir um valor mínimo de 538,98 euros em janeiro de 2021. Em Setúbal, os valores médios foram inferiores aos de Lisboa: foi de 547,90 euros em abril até um mínimo de 520,15 euros em janeiro de 2021.

Figura 9

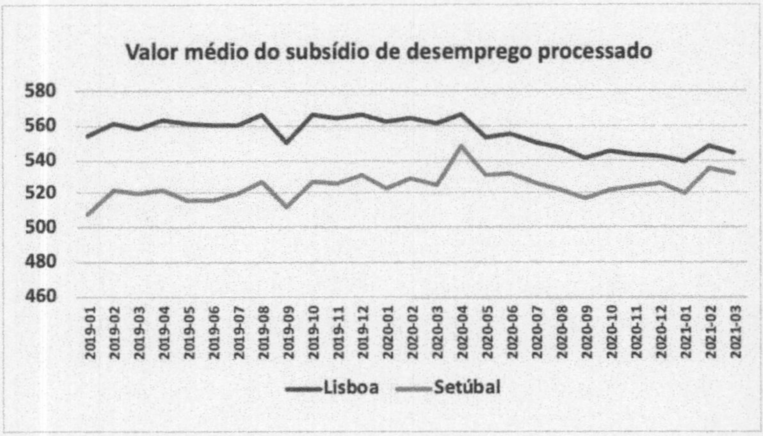

Fonte: Instituto da Segurança Social.

A perda de rendimento – que explica parte da recessão, ao afetar o consumo privado – pode estar igualmente associada a uma redução de tempo de trabalho e das horas trabalhadas, seja pela

[12] A evolução do valor médio do subsídio de desemprego processado, tal como é divulgado pelo Instituto de Segurança Social, não corresponde apenas ao valor do subsídio de desemprego, mas inclui igualmente o subsídio social de desemprego inicial, o subsídio social de desemprego subsequente, o prolongamento do subsídio social de desemprego e a medida extraordinária de apoio aos desempregados de longa duração. Assim, a evolução do valor médio do subsídio retratada no gráfico pode estar influenciada tanto pelas remunerações recebidas na sua atividade como pelo recebimento de subsídio social de desemprego e prolongamentos, de montante inferior ao subsídio de desemprego.

retração da atividade económica, seja pelo desenho das medidas de apoio às empresas baseadas numa suspensão dos contratos de trabalho ou na subsidiação do tempo parcial de atividade.

Contudo, essa redução do tempo de trabalho na AML não foi igual para todos. Em primeiro lugar, afetou mais o sector dos serviços (corte médio de 11,5% em 2020) do que a indústria transformadora e a construção (corte médio de 10,8%).

Figura 10

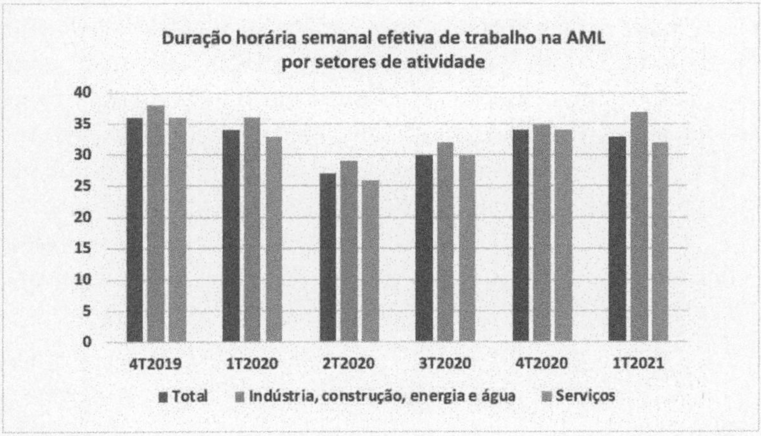

Fonte: INE, IE.

Em segundo lugar, os trabalhadores por conta própria (TCP) sofreram cortes mais pronunciados no tempo de trabalho do que os trabalhadores por conta de outrem (TPCO). Em terceiro lugar, as mulheres – tanto TPCO, como TCP – sofreram cortes de tempo de trabalho mais pronunciados do que os homens, sendo que já antes da pandemia trabalhavam menos horas. O mesmo aconteceu no trabalho a tempo parcial: embora as mulheres trabalhassem mais horas a tempo parcial que os homens, o corte do tempo de trabalho dos homens foi inferior.

Por fim, é preciso sublinhar que a pandemia acarretou ainda outra forma de desigualdade: o risco de contágio. Se entre trabalhadores qualificados e em certas atividades foi possível beneficiar de formas de trabalho à distância, já os trabalhadores menos qualificados, de baixos rendimentos, viram-se obrigados a manter os seus fluxos quotidianos casa-trabalho,[13] o que pode explicar a persistência de níveis elevados de infeção na AML, mais do que proporcionais ao seu peso populacional.

Nível efetivo do desemprego na AML

Como foi referido, a considerável redução do emprego na AML não teve um reflexo proporcional na evolução estatística do desemprego, traduzindo-se sobretudo na população estatisticamente considerada como inativa. Por isso, dado o estrito conceito de *empregado*[14], que subavalia realidades sociais próximas do desemprego, a efetiva dimensão do desemprego gerado pela pandemia deve ser seguida não pela *taxa de desemprego* oficial, mas antes pela *taxa de subutilização do trabalho,* que abrange os *desempregados* (oficiais),[15] os *inativos* que gostariam de trabalhar[16] e o *subemprego*[17].

---

[13] Ricardo Paes Mamede e outros, *Portugal: Uma análise rápida do impacto da Covid-19 na economia e no mercado de trabalho*, OIT, junho de 2020.

[14] Indivíduo com idade dos 16 aos 89 anos que, no período de referência, se encontrava numa das seguintes situações: 1) efetuou um trabalho de pelo menos uma hora, com vista ao pagamento de uma remuneração ou de um benefício, em dinheiro ou em géneros (incluindo o trabalho familiar não remunerado); 2) tinha uma ligação formal a um emprego ou trabalho, mas não estava temporariamente ao serviço; 3) estava em situação de pré-reforma, mas a trabalhar.

[15] Indivíduo com idade dos 16 aos 74 anos que, no período de referência, estava simultaneamente (!) nas seguintes situações: 1) não tinha trabalho remunerado nem qualquer outro; 2) tinha procurado ativamente um trabalho remunerado ou não ao longo de um período específico (período de referência ou as três semanas anteriores); 3) estava disponível para trabalhar num trabalho remunerado ou não (INE).

[16] Inativos são pessoas com idade inferior a 16 anos ou superior a 89 anos que, no período de referência, não estavam empregadas nem desempregadas.

[17] Pessoas que estando a tempo parcial declararam querer trabalhar mais horas do que as que habitualmente trabalham e que estavam disponíveis.

Figura 11

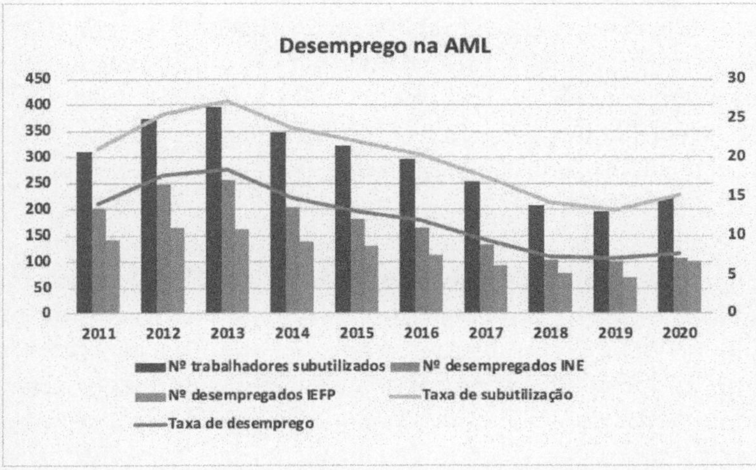

Fonte: INE, IEFP, compilados por Colabor (Datalabor).

Este gráfico é relevante em diversos aspetos. Por um lado, há mais de uma década que o desemprego *efetivo* na AML nunca esteve abaixo dos 13% da população ativa, apesar de a taxa oficial de desemprego se situar pouco acima dos 6%. Este elevado peso do desemprego é uma das explicações para os baixos níveis salariais praticados. Por outro lado, ele torna claro os efeitos distintos das duas mais recentes recessões e das políticas que lhes estiveram associadas: a recessão provocada pela aplicação do programa de austeridade de 2011 a 2014 e a recessão gerada pela pandemia e pelas medidas adotadas para a combater. A primeira crise procurou uma subida do desemprego como forma de promover uma desvalorização salarial e assim reduzir o défice externo, o que se traduziu numa subida rápida do desemprego *oficial* que atingiu um *pico* na AML de 256,4 mil pessoas em 2013 (taxa de desemprego de 18,5%) e de 397,5 mil trabalhadores *subutilizados* (*taxa de subutilização* de 27,1%). Na recessão atual, e apesar de esta ter sido bem mais pronunciada (com um pico de -16,4% no 2º trimestre de 2020, contra -4,5% no 4º trimestre de 2012), a proteção pública do emprego impediu a escalada de desemprego. Mesmo a taxa de subutilização do trabalho subiu apenas de 13,3% em 2019 para 15,1% em 2020, quando de 2011 para 2013 se havia gerado uma subida de 21% para 27,1% da população ativa.

Apesar de tudo, a taxa de subutilização de trabalho retratou mal os efeitos da pandemia, já que parte considerável da população empregada foi abrangida pelo *lay-off* simplificado. É preciso ter em conta que a classificação estatística de um trabalhador em *lay-off* por parte do INE depende da duração da ausência e do recebimento proveniente do trabalho: se ela for de 3 meses ou menos, ou, sendo superior, o trabalhador continuar a receber um pagamento do trabalho igual ou superior a 50% da remuneração habitual, será classificado como empregado; se a ausência for superior a 3 meses e o trabalhador receber menos de 50%, ou não receber qualquer rendimento, será considerado «um não empregado». Assim, parte significativa dos trabalhadores continuou a ser considerada como *empregados*, quando na realidade as suas vidas tinham sido afetadas por uma redução significativa das suas remunerações.

Em terceiro lugar, o gráfico torna evidentes as limitações dos diversos indicadores habitualmente seguidos. O número de desempregados inscritos nos centros de emprego da AML não só não abarca a realidade completa do *subemprego,* como não espelha a dimensão do desemprego estimada pelo INE – possivelmente porque os trabalhadores despedidos apenas se inscrevem nos centros desemprego caso tenham direito ao subsídio de desemprego.

Contudo, em 2020, a subida de *inativos* observada na AML coincidiu com a subida do número de inscritos nos centros de emprego do IEFP. Com efeito, ao longo dos primeiros meses da pandemia o número de desempregados inscritos registou uma subida abrupta, duplicando em abril de 2020 face ao mesmo mês de 2019 e registando, desde aí, valores homólogos elevados (43% em maio, 52% em junho, 22% em julho, 25% em agosto, 24% em setembro, 26% em novembro, 27% em dezembro, 25% em fevereiro de 2021).[18] Sobre as razões desse novo desemprego, a principal causa foi o fim de contratos a prazo. No conjunto dos 18 concelhos da AML, esta foi a causa de cerca de 60% das novas inscrições registada ao longo de 2020 e também no 1.º trimestre de 2021. A segunda causa principal foi o despedimento, sobretudo de março a maio de 2020, quando se realizou o primeiro confinamento. A evolução sustentada das novas inscrições de desempregados acabou por se refletir na evolução do desemprego.

Figura 12

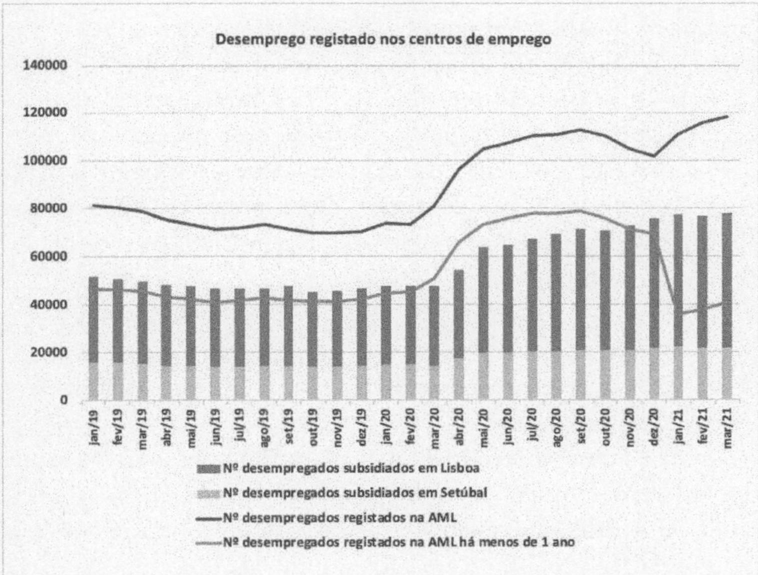

Fonte: IEFP; Instituto da Segurança Social, Estatísticas.

Nos 18 concelhos da AML, o número de desempregados registados há menos de um ano passou de 45 702 em março de 2020 para um máximo de 78 597 (+72%) em setembro do mesmo ano.

---

[18] Desemprego ao longo do mês: número de pessoas que, em cada mês, se inscreveram nos centros de emprego, representando um indicador fiável e exaustivo da dimensão dos *fluxos de entrada* de novos desempregados.

Marcadamente influenciado por esta progressão, o conjunto do desemprego registado na AML passou de 73 468 em fevereiro de 2020 para 112 791 em setembro, uma variação homóloga mensal média de 50%. Depois de uma pequena inflexão no final de 2020, correspondente à fase de desconfinamento, voltou a registar-se um novo máximo com 118 042 desempregados em março de 2021, coincidindo com a terceira vaga e com novo confinamento.[19]

Seguindo esta evolução, o número de desempregados com direito a subsídio começou a subir desde abril de 2020, como é visível no gráfico acima, passando de 17 160 em Setúbal e 37 284 em Lisboa até atingir em março de 2021 respetivamente 21 963 e 55 633. É igualmente visível que parte considerável dos desempregados inscritos não recebe qualquer subsídio de desemprego e que – apesar da subida do número de desempregados inscritos há menos de um ano e das medidas de prolongamento da duração dos subsídios – esse novo desemprego na AML pouco alterou a sua proporção no total de desempregados subsidiados (ao redor dos 60%).

Assimetria do desemprego na AML por concelho de residência

A subida do desemprego não foi igual entre a população residente dos diferentes concelhos que compõem a AML. Para se compreender os diferentes efeitos, relacionou-se a evolução homóloga do desemprego registado em cada um dos 18 concelhos da AML ao longo das três vagas da pandemia.

[19] A dimensão real do número de desempregados registados não é conhecida, uma vez que, como já se referiu, desde abril de 2020 o IEFP deixou de publicar estatísticas dos desempregados *ocupados* em medidas ativas de emprego e formação, que, por definição, não são contabilizados no desemprego.

Figura 13

Fonte: IEFP.

Do gráfico, é possível observar que as diversas vagas implicaram um agravamento do desemprego registado em todos os concelhos da AML. É igualmente visível que a maior parte dos concelhos sofreu um agravamento do desemprego ao longo da pandemia que, apesar de evidenciar um ligeiro abrandamento nessa subida, se manteve em toda a AML a níveis superiores aos registados na primeira vaga. Contudo, esse agravamento apresentou-se com dimensões distintas. Parece haver um grupo de concelhos – Odivelas, Sintra, Amadora e Loures – que lideraram o agravamento do desemprego registado ao longo da pandemia.

Esta diferente variação do desemprego pouco informa, contudo, sobre as causas da diferença. Aqui, de novo, encontramo-nos perante a dificuldade de cruzar o concelho do local de trabalho com o concelho de residência, já que os desempregados se inscrevem nos centros de emprego da sua residência e não dos seus locais de trabalho.

Conclusões

A pandemia provocou uma redução da população ativa que foi mais pronunciada na AML do que no conjunto do país (-2.5% contra -1,6%). Do mesmo modo, a quebra do emprego aconteceu de forma mais rápida na AML do que no conjunto do país (-3,1% contra -1,9%). E essa concentração na AML acentuou-se nas diversas vagas. Segundo os dados relativos às remunerações declaradas à Segurança Social, a destruição do emprego na AML passou de um quinto do total no final da 1.ª vaga para quase metade (47%) no final da 3.ª vaga. Esta quebra, verificada ao longo das três vagas da pandemia, ocorreu sobretudo em atividades de serviços e ligadas ao turismo: alojamento e restauração, transportes e armazenagem, serviços de apoio às empresas e construção. Este forte contributo negativo dos serviços tem sido, aliás, uma constante noutras conjunturas recessivas, incutindo uma enorme volatilidade ao emprego.

O trabalhador afastado do seu posto de trabalho caracteriza-se por ter contratos mais precários, por ser menos qualificado, mais jovem e com reduzida antiguidade de carreiras; são mais mulheres do que homens, e auferem salários mais baixos. É um perfil que se acentuou também pelo desenho das medidas de apoio às empresas, que se baseou na subsidiação da redução de tempo de trabalho (como forma de impedir o despedimento de contratos permanentes) e autorizou o despedimento que não fosse coletivo, por extinção do posto de trabalho ou inadaptação. Isso permitiu aos sectores baseados em contratos precários ou por conta própria – como os de atividades ligadas ao turismo – um ajustamento mais rápido, descartando mão-de-obra, em muitos casos sem períodos de garantia que permitissem ao trabalhador beneficiar do subsídio de desemprego, o que levou o Governo a encurtar esses prazos.

A desigualdade de tratamento entre empresas foi acentuada por outro fator: sendo os apoios concedidos através da subsidiação dos encargos salariais, em função do volume de emprego abrangido e do nível salarial praticado (nomeadamente pelo *lay-off* simplificado e medidas substitutivas), que impôs durante a maior parte de 2020 um corte significativo das remunerações salariais, isso permitiu que grandes empresas tenham beneficiado sobremaneira dos apoios públicos, criando desigualdades entre empresas na divisão dos recursos públicos e desigualdades na repartição dos esforços entre empresas e trabalhadores. Devido à opacidade das estatísticas governamentais relativas aos apoios concedidos, não é, porém, possível quantificar até hoje essa desigualdade. Como a pandemia foi combatida sobretudo através da extensão do *lay-off* simplificado, e como – nomeadamente na AML – ela afetou sobretudo o sector dos serviços, onde se verificaram as maiores quebras de horas na semana de trabalho, as estatísticas do INE retratam mal o que sucedeu.

Parece, pois, ter-se verificado uma combinação dúplice de fatores, que prejudicaram o mesmo tipo de atividades económicas, com duros impactos no emprego e nas remunerações na AML. Por um lado, o afunilamento produtivo da AML em atividades de serviços – e em serviços dependentes de uma procura externa volátil, como o turismo – tornou o emprego nesta região particularmente vulnerável. Por outro lado, sendo essas atividades de baixo valor acrescentado, elas assentam quase obrigatoriamente em estruturas organizativas frágeis, em formas fluidas de organização do tempo de trabalho, em contratos de trabalho precários, em baixos salários, aceites maioritariamente por pessoas de fracas habilitações e, portanto, descartáveis. Estas características transformam qualquer recuo da procura numa rápida maré de destruição de empregos mal remunerados, com forte impacto no agravamento das desigualdades sociais, efeito este que será exacerbado caso se imponham medidas de contenção salarial que estreitem, ainda mais, um já rarefeito quadro de rendimentos laborais, redundando num aperto ainda maior da procura interna e ampliando o efeito recessivo.

À luz do que tem acontecido no passado, é expectável que, ao retomar-se a atividade na AML, a recuperação refaça o anterior perfil de atividades e contratos entretanto destruídos, reproduzindo a realidade laboral anterior e reconstruindo a frágil economia antes existente, até ao próximo embate. Tudo se arrisca, pois, a repetir os erros e os custos sociais do passado.

Anexo I

Datas	Famílias	Empresas	Trabalhadores
12 março	Primeiras medidas de contenção dos contágios: proíbem-se deslocações não essenciais e ajuntamentos públicos. Fecham-se escolas e lojas não essenciais. Limitam-se os movimentos transfronteiriços e os voos.[20]		
13 março			PRIMEIRAS MEDIDAS: • equiparação do isolamento profilático a doença, apoiado com subsídio a 100% da remuneração de referência; • subsídio de assistência a dependentes é alargado a trabalhadores por conta de outrem (TPCO) com filhos e netos menores de 12 anos; • apoio excecional à família para TPCO, correspondente a ⅔ da sua remuneração base, embora a ser requerido pela entidade patronal; • apoio excecional à família dos trabalhadores independentes (TI), no valor de ⅓ da base de incidência contributiva mensalizada, de 1 a 6 meses, em caso de «paragem total da sua atividade» ou sector; • apoio extraordinário à redução de atividade de trabalhadores exclusivamente abrangidos pelo regime dos trabalhadores independentes (DL n.º 10-A/2020).

[20] Ricardo Paes Mamede e outros, *Portugal: Uma análise rápida do impacto da covid-19 no mercado de trabalho,* OIT, junho de 2020.

<table>
<tr><th>Datas</th><th>Famílias</th><th>Empresas</th><th>Trabalhadores</th></tr>
<tr><td>18 março</td><td colspan="3">Estado de emergência: dever geral de confinamento domiciliário; adoção obrigatória do teletrabalho; encerramento de instalações, suspensão do comércio a retalho e serviços; regras para os serviços públicos (DL n.º 2-A/2020).</td></tr>
<tr><td>19 março</td><td>Regime extraordinário de proteção dos inquilinos (Lei n.º 4/2020), o qual seria alterado ao longo do ano (ver 6 de abril).</td><td></td><td></td></tr>
<tr><td>20 março</td><td></td><td>• linha de apoio reembolsável de 60 M€ destinada às necessidades de tesouraria de microempresas turísticas: 750€ mensais por posto de trabalho, durante três meses, pagável em três anos. Contudo, o apoio não é condicionado à manutenção dos postos de trabalho.
Em dois meses, «mais de 5 mil empresas viram as suas candidaturas aprovadas, com um financiamento de cerca de 40M€», segundo o diploma que, a 11 de agosto, alargou a linha (Despacho Normativo n.º 10/2020).
O apoio voltaria a ser revisto (Despacho Normativo n.º 1/2021 de 11 de janeiro e despacho normativo n.º 8/2021, de 3 de março).</td><td></td></tr>
<tr><td>26 março</td><td colspan="2">MORATÓRIA BANCÁRIA:
Criado regime excecional de proteção dos créditos das famílias e empresas (moratória bancária).
Para o Governo, «constitui um instrumento da maior importância», ao salvaguardar «aspetos fundamentais como a habitação ou o funcionamento da economia» (DL n.º 10-J/2020).</td><td></td></tr>
<tr><td>31 março</td><td colspan="3">Criação do MAREESS: medida temporária para reforço de equipamentos sociais e de saúde, para assegurar a resposta do sector solidário da área social e da saúde.
O apoio corresponde à majoração das bolsas mensais do Contrato emprego-inserção (CEI) e do Contrato emprego-inserção+ (CEI+) em projetos destas instituições (medidas criticadas no passado por resultarem num incentivo à prática subsidiada de baixos salários para cobertura de funções permanentes).
São abrangidos: desempregados subsidiados; beneficiários do RSI ou sem apoio; trabalhadores com contrato suspenso, com horário reduzido ou a tempo parcial; estudantes; e formandos. Os desempregados subsidiados recebem uma bolsa mensal complementar (um IAS – indexante dos apoios sociais – de 435,75 euros em 2020 e 438,81 euros em 2021), enquanto os restantes recebem uma bolsa mensal de 1,5 IAS.
Este regime foi prolongado até 31 de dezembro de 2020 (portaria n.º 162/2020).</td></tr>
</table>

<table>
<tr><th>Datas</th><th>Famílias</th><th>Empresas</th><th>Trabalhadores</th></tr>
<tr><td>17 abril</td><td></td><td>Suspensa «verificação do requisito de não existência de dívidas por parte das entidades candidatas e apoiadas pelo IEFP» para viabilizar a sua sobrevivência (portaria n.º 94-B/2020).
A medida seria prorrogada pela portaria n.º 184/2020 de 5 de agosto e pela portaria n.º 309/2020 de 31 de dezembro.</td><td></td></tr>
<tr><td>23 abril</td><td></td><td>Medidas excecionais e temporárias relativas ao sector do turismo (DL n.º 17/2020).</td><td></td></tr>
<tr><td>30 abril</td><td colspan="3">Declaração de situação de calamidade, que se prolongou até 17 de maio.
O objetivo é agora criar um «caminho de regresso gradual da atividade económica ao seu normal funcionamento (...) implementado por diversas fases», traçadas em três: a primeira iniciada a 30 de abril; uma segunda após 18 de maio; e a terceira até final de maio (RCM n.º 33-A/2020; RCM n.º 33-C/2020).</td></tr>
<tr><td>14 maio</td><td></td><td>Criado o programa ADAPTAR, para que as micro, pequenas e médias empresas cumpram as regras sanitárias, prevendo-se o pagamento em 6 meses, a fundo perdido, de 80% dos investimentos entre 500 e 5000 euros (DL n.º 20-G/2020).</td><td></td></tr>
<tr><td>29 maio</td><td colspan="3">São prorrogadas as medidas de apoio às famílias e alargados os apoios ao comércio a retalho, serviços e restauração (lei n.º 18/2020).
É forçado o reagendamento de eventos culturais e artísticos. O regime de teletrabalho deixa de ser obrigatório (RCM n.º 40-A/2020).</td></tr>
<tr><td>6 junho</td><td></td><td colspan="2">PEES - Programa de Estabilização Económica e Social (RCM n.º41/2020) que reestrutura e reformata medidas anteriores para o combate à pandemia em três fases, para «incentivar um regresso paulatino da atividade profissional»: (a) Uma fase de emergência; (b) Uma fase de estabilização, a decorrer até ao final de 2020, «apoiando uma retoma sustentada da atividade económica»; e, por fim, (c) uma fase de recuperação económica, «dirigida à adaptação estrutural da economia portuguesa a uma realidade pós-covid».
É criado o programa ATIVAR.PT – Programa Reforçado de Apoios ao Emprego e à Formação Profissional, com o objetivo de, «num contexto em que se prevê um aumento do desemprego até ao fim do ano... garantir que este tem resposta adequada e rápida de política pública de banda larga, nomeadamente com base em programas de apoios à contratação e estágios», financiados pelo Fundo Social Europeu.</td></tr>
</table>

Datas	Famílias	Empresas	Trabalhadores
		Prevê-se para julho o fim do *lay-off* simplificado, estendendo-o até setembro para atividades encerradas. O corte nos salários passa de 66% para entre 77% e 92%, consoante as situações. Na realidade, acabaria por estender-se até 2021 e, no quadro da negociação da viabilização do OE pelo PCP, as retribuições salariais ficariam sem corte.[21] Em substituição do *lay-off* simplificado, é prevista uma verba de 730 milhões de euros para um «apoio extraordinário à retoma progressiva» (AERP). A medida é aplicada "aos empregadores de natureza privada, incluindo os do sector social», com quebras de faturação igual ou superiores a 40% em termos homólogos, baseada numa redução, gradual ao longo de 2020, da percentagem do número de trabalhadores com cortes ao período normal de trabalho (PNT). Os trabalhadores abrangidos recebem do empregador pelas horas trabalhadas. Relativamente às horas não trabalhadas, recebem uma compensação mensal entre 66% e 80% do salário ilíquido correspondente a essas horas. O empregador paga 30% dessa compensação e beneficia de um desconto na TSU patronal, enquanto a Segurança Social paga os 70% remanescentes. Mantêm-se as limitações ao despedimento previstas no *lay-off* simplificado. A legislação só foi publicada a 30 de julho (DL n.º 46-A/2020). Para as empresas beneficiárias do *lay-off* simplificado e que acedem ao AERP, é criado um «incentivo financeiro extraordinário à normalização da atividade empresarial», pago de uma só vez (um salário mínimo por trabalhador abrangido) ou ao longo de seis meses pago em duas ou três tranches (com dois salários mínimos por trabalhador). É criado um «complemento de estabilização» para os trabalhadores abrangidos pelo *lay-off* simplificado com salários até dois salários mínimos, pago de uma vez em julho (num valor que pode variar entre 100 e 351 euros). É aprovada uma «medida extraordinária de apoio a trabalhadores independentes e informais em situação de desproteção social», com o pagamento de um IAS, entre julho e dezembro de 2020, bem como a sua integração no sistema de Segurança Social. O diploma regulador destes apoios seria publicado a 19 de junho (DL n.º 27-B/2020). O novo apoio AERP seria publicado apenas a 30 de julho (DL n.º 46-A/2020). Diversas medidas no âmbito do PEES seriam aprovadas a 15 de julho (DL n.º 37/2020). As verbas aplicadas ficariam muito aquém do previsto no diploma.	

[21] Victor Ferreira, «Governo alarga salários a 100% a todo o *lay-off* com mais 370 milhões de despesa», *Público*, 17/11/2020.

<table>
<tr><th>Datas</th><th>Famílias</th><th>Empresas</th><th>Trabalhadores</th></tr>
<tr><td>24 julho</td><td>No âmbito do subsídio por isolamento profilático ou do subsídio por doença, o Parlamento decide que a proteção dos TPCO e dos TI passa a corresponder a 100% da remuneração de referência (Lei n.º 27-A/2020). Estas disposições só seriam concretizadas a 3 de setembro (DL n.º 62-A/2020).</td><td>Limitação extraordinária de pagamentos por conta de IRC para 2020.</td><td>Diminuição excecional dos prazos de garantia aos subsídios de desemprego, concretizada só a 4 de novembro de 2020 (DL n.º 95/2020).</td></tr>
<tr><td>30 julho</td><td></td><td>O governo clarifica que os empresários não podem beneficiar simultaneamente do AERP e do incentivo extraordinário à normalização da atividade empresarial (DL n.º 46-A/2020).</td><td></td></tr>
<tr><td>11 agosto</td><td></td><td>Altera-se a linha para as microempresas do sector do turismo, que é alargada a outras atividades (museus, parques, monumentos, atividades ao ar livre) e reforçada em 90 milhões de euros, dos quais até 20% a fundo perdido (Despacho Normativo n.º 10/2020).</td><td></td></tr>
<tr><td>16 setembro</td><td colspan="3">MAREESS, antes virada para a prestação de cuidados à população idosa ou com deficiência, é redirecionada também para o reforço dos equipamentos sociais e de saúde, passando a incluir as Brigadas de Intervenção Rápida criadas com a Cruz Vermelha Portuguesa (Portaria n.º 218/2020).</td></tr>
<tr><td>14 outubro</td><td colspan="3">Passa-se da situação de contingência para a de calamidade.
Limitam-se as concentrações e o número de pessoas em reuniões familiares. Recomenda-se o uso de máscara ou viseira na via pública, bem como da aplicação móvel STAYAWAY COVID. Impõe-se o dever de recolhimento domiciliário (RCM n.º 88-A/2020).</td></tr>
<tr><td>19 outubro</td><td></td><td>Alteração do AERP: «passa a admitir-se que os empregadores com quebras de faturação iguais ou superiores a 75% possam reduzir o PNT a 100%» (DL n.º 90/2020). Nestes casos, o apoio passa a 100% da compensação. Alarga-se o acesso, revendo o conceito de «situação de crise empresarial», o que é complementado com uma bolsa de formação financiada por fundos comunitários.</td><td></td></tr>
</table>

<table>
<tr><th>Datas</th><th>Famílias</th><th>Empresas</th><th>Trabalhadores</th></tr>
<tr><td>6 novembro</td><td colspan="3">Estado de emergência, ratificado por resolução do Parlamento. São aprovadas medidas de confinamento, com proibição de circulação nos fins de semana (decreto n.º 8/2020). É decidida a suspensão nos hospitais do SNS da assistência não urgente.</td></tr>
<tr><td>20 novembro</td><td></td><td>No quadro do PEES, aprovam-se medidas de apoio à tesouraria das micro e pequenas empresas que atuem em sectores afetados pelo confinamento e no sector exportador de bens de consumo (indústria têxtil).</td><td></td></tr>
<tr><td rowspan="2">22 novembro</td><td rowspan="2"></td><td colspan="2">É criado um regime extraordinário de diferimento de entrega do IVA e de pagamento de contribuições para a Segurança Social (DL n.º 99/2020).</td></tr>
<tr><td>É permitida a afetação de unidades de alojamento a novos usos compatíveis com a atividade turística (alterando-se o DL n.º 17/2020, de 23 de abril).</td><td></td></tr>
<tr><td>24 novembro</td><td></td><td>Regulamentação do Programa APOIAR, com vista «a apoiar as empresas a suportarem os seus custos de funcionamento».
No quadro da decisão da Comissão Europeia de 30 de março – Regulamento (UE) 2020/460 de 30 de março – tornou-se possível ao FEDER «apoiar o financiamento de fundo de maneio das pequenas e médias empresas».
Integram o programa as medidas «APOIAR.PT» e «APOIAR Restauração», financiadas por fundos europeus (portaria n.º 271-A/2020).</td><td></td></tr>
<tr><td>15 dezembro</td><td></td><td>Altera-se o programa ADAPTAR, prorrogando a duração máxima de execução dos projetos apoiados de 6 para 9 meses, até 31 de março de 2021 (DL n.º 103/2020). Altera-se o regime excecional de cumprimento de obrigações fiscais (DL n.º 99/2020).</td><td></td></tr>
</table>

Datas	Famílias	Empresas	Trabalhadores
18 dezembro		Primeira alteração ao apoio extraordinário à normalização da atividade empresarial. O empregador que o requereu pode até 31 de dezembro de 2020 desistir desse apoio. São suspensas as limitações fixadas pela portaria n.º 128/2009 à utilização de desempregados em trabalho socialmente necessário no quadro dos «Contrato emprego-inserção» e «Contrato emprego--inserção+» (portaria n.º 294-A/2020), para «proporcionar um maior leque de oportunidades aos desempregados». Este expediente legal iria ser igualmente alargado nos equipamentos sociais da Saúde.	
24 novembro	O Governo volta a prorrogar as medidas MAREESS, desta vez até ao 1.º semestre de 2021, e estabelece «parcerias com as instituições do ensino superior», mediante o direito a uma bolsa mensal no valor de 0,5 IAS.		
30 dezembro	Altera-se o regime excecional para atrasos no pagamento de rendas urbanas, criando-se um apoio a fundo perdido (Lei n.º 75-A/2020).	Altera-se o PEES (RCM n.º 41/2020, de 6 de junho): o Governo alarga os «instrumentos de apoio à situação de tesouraria das empresas», nomeadamente alargando o Programa Apoiar a grandes empresas com um volume de faturação inferior a 50 milhões de euros e a empresários em nome individual sem contabilidade organizada. As empresas do sector turístico com elevada percentagem do volume de negócios proveniente de exportações de bens passam a dispor de 1050 M€ de linha de crédito, com possibilidade de 20% a fundo perdido.	

Datas	Famílias	Empresas	Trabalhadores
		É lançada uma linha de crédito de 750 M€ para grandes empresas e para empresas que, não sendo PME, tenham até 3 mil trabalhadores (*Mid Cap*), suportada por fundos europeus. Prolonga-se o AERP para o 1.º semestre de 2021: lança-se um apoio extraordinário às microempresas, de duas vezes o salário mínimo por cada trabalhador da empresa e com dispensa parcial das contribuições para a Segurança Social nos três primeiros meses; prolonga-se por 2021 o programa ATIVAR. PT, direcionado para a inclusão de desempregados no mercado de trabalho. Estendem-se as medidas MARESS para o 1.º semestre de 2021 quanto aos apoios à contratação no sector social (RCM n.º 114/2020).	
31 dezembro			Criado o apoio extraordinário ao rendimento dos trabalhadores (AERT) em situação de particular desproteção económica (Lei n.º 75-B/2020, no seu artigo 156.º). A medida unifica as regras dos quatro apoios criados pelo governo em 2020, aplicando-as a um vasto conjunto de pessoas e desdobrando-se por diferentes requisitos, o que a torna de difícil entendimento mesmo para especialistas,[22]

[22] A tal ponto que os investigadores do CoLABOR – Laboratório Colaborativo para o Trabalho, Emprego e Proteção Social criaram um simulador para «simplificar e facilitar o conhecimento dos cidadãos» https://datalabor.pt/produtos/apoio-extraordinario-rendimento-trabalhadores (cf. Victor Ferreira, «Simulador ajuda a calcular o "complexo" apoio para recibos verdes», *Público*, 7/2/2021.

Datas	Famílias	Empresas	Trabalhadores
			confundindo-se com outros apoios, como o apoio extraordinário à redução de atividade económica.[23] O AERT é criticado por permitir que trabalhadores de rendimento abaixo do limiar de pobreza não sejam apoiados.[24]
2021			
6 janeiro	Face à 3.ª vaga de contágio, torna-se de novo obrigatório o teletrabalho, regressa-se na restauração ao funcionamento exclusivamente *para fora*. Escolas, creches, universidades e institutos politécnicos permanecem em regime presencial. Os serviços públicos funcionam com agendamento prévio. É proibida a realização de celebrações, à exceção das religiosas.		
11 janeiro		Cria-se uma linha de apoio financeiro às micro e pequenas empresas turísticas (despacho normativo n.º 1/2021). As verbas aplicadas ficam aquém do previsto.	
15 janeiro	É criado um regime extraordinário de apoio ao consumo de energia elétrica, para proteger consumidores elegíveis para a tarifa social (DL n.º 6-E/2021).	O governo alarga, de novo, o Programa APOIAR. É criado um apoio extraordinário à manutenção da atividade (RCM n.º 4-A/2021). A mesma resolução estabelece um programa de apoio ao sector cultural, a fundo perdido. Aprovam-se medidas de apoio ao sector social e solidário. A resolução seria regulamentada a 8 fevereiro de 2021 (portaria n.º 28/2021). A portaria n.º 15-B/2021 informa que a primeira fase desse programa «foi financiada exclusivamente com fundos europeus... mas que não flexibilizou os mecanismos de controlo da aplicação dos fundos nem, por conseguinte, os requisitos de elegibilidade dos beneficiários, não tendo sido possível, por isso, abranger logo desde o início todo o universo de empresas afetadas pela pandemia e a necessitar de apoios». Essa situação só foi ultrapassada, com «a mobilização de... recursos nacionais».	

[23] Pedro Crisóstomo, «Apoios aos recibos verdes deixam precários confusos e apreensivos», *Público*, 5/2/2021.

[24] Pedro Crisóstomo, «Depósitos podem ditar se um trabalhador recebe o novo apoio», *Público*, 8/2/2021.

Datas	**Famílias**	**Empresas**	**Trabalhadores**
		No mesmo dia, o Governo altera o AERP pela quarta vez – depois das alterações a 19 de outubro (DL n.º 90/2020), a 18 de novembro (DL n.º 98/2020) e a 27 de novembro (DL n.º 101-A/2020). Prorroga-o até ao 1.º semestre de 2021 e estende-o aos membros dos órgãos estatutários, garantindo o pagamento a 100% da retribuição dos trabalhadores abrangidos (DL n.º 6-C/2021). Alarga-se o conceito de crise empresarial e os limites de redução do PNT, mas reduzem-se as compensações aos trabalhadores pelas horas não trabalhadas e é eliminada a isenção de contribuições sociais do empregador e reduzida a sua dispensa parcial. Esse mesmo diploma altera pela terceira vez desde a sua criação o *lay-off* simplificado – depois das alterações de 13 de abril (DL n.º 14-F/2020) e 19 de junho (DL n.º 27-B/2020). O governo passa finalmente a assegurar o pagamento a 100% da retribuição até ao triplo do salário mínimo, passando Portugal, segundo o governo, «a ser o único país [da UE] em que os trabalhadores em *lay-off* mantêm integralmente os seus salários».[25] Semelhante garantia é fixada para o *lay-off* tradicional. Ainda nesse mesmo dia, «é flexibilizada a articulação» entre o AERP e o *lay-off* simplificado. São estendidos os efeitos do apoio excecional à redução da atividade de TI (artigo 26.º do DL nº 10-A/2020, de 13 de março). Suspendem-se processos de execução fiscal, a administração tributária fica impedida de constituir garantias, penhores, compensar créditos do executado resultantes de reembolso, revisão oficiosa, reclamação ou impugnação judicial de qualquer ato tributário nas dívidas cobradas pela administração tributária.	
22 janeiro	O governo aprova a suspensão das atividades letivas e não letivas presenciais, tornando justificadas as faltas ao trabalho por assistência a filhos ou dependentes (DL n.º 8-B/2021). Recuperam-se as medidas de apoio à família de março de 2020, recebendo os pais ⅔ da sua remuneração base. De fora fica o regime de teletrabalho.	O governo clarifica que, a partir de fevereiro de 2021, o empregador que acedeu ao apoio à normalização da atividade (DL n.º 27-B/2020, de 19 de junho) pode aceder ao AERP ou ao apoio simplificado para microempresas (DL n.º 46-A/2020, de 30 de julho). Clarifica ainda que não serão as empresas a pagar o aumento para os 100% na compensação salarial do *lay-off* e no AERP.	
25 janeiro	O governo regulamenta a atribuição do AERT (portaria n.º 19-A/2021). Para tanto, considera-se desproteção económica quando o rendimento médio mensal do agregado familiar for inferior a 501,16 euros.		

[25] Victor Ferreira, «Governo alarga salários a 100% a todo *o lay-off* com mais 370 milhões de despesa», *Público*, 17/11/2020.

Datas	**Famílias**	**Empresas**	**Trabalhadores**
2 fevereiro	O governo altera a portaria n.º 91/2020, de 14 de abril, que define o regime excecional para situações de mora no pagamento das rendas, a partir de 1 de abril de 2020 (portaria n.º 26-A/2021).		
15 fevereiro		Aprova-se o regulamento dos apoios à cultura (portaria n.º 37-A/2021). O diploma estabelece medidas transversais a todo o sector.	
22 fevereiro	O governo alarga o apoio excecional à família no âmbito da suspensão das atividades letivas e não letivas presenciais (DL n.º 14-B/2021). O diploma prevê que os trabalhadores em teletrabalho podem optar por interrompê-lo para apoiar a família. O valor do apoio é aumentado para 100% da remuneração, a cargo da Segurança Social. A medida gera dúvidas e os responsáveis do Ministério do Trabalho têm de esclarecer que o pagamento da prestação a 100% abrangerá as famílias que decidam partilhar o cuidado dos filhos, independentemente da forma de prestação do trabalho. Ou seja, abrange as famílias em que ou os dois pais estão em trabalho presencial; ou um está em teletrabalho e o outro em regime presencial; ou em que ambos estão em teletrabalho.[26] A medida foi criticada pela provedora da Justiça, Maria Lúcia Amaral, por penalizar os beneficiários na sua carreira contributiva,		

[26] Raquel Martins, «Governo garante que apoio a 100% abrange pais em teletrabalho que partilhem assistência às crianças», *Público*, 24/2/2021.

Datas	Famílias	Empresas	Trabalhadores
	problema semelhante ao dos trabalhadores em *lay-off* simplificado.[27]		
3 março		O governo altera o despacho normativo de apoio às microempresas do turismo, publicado a 20 de março de 2020 (despacho normativo n.º 8/2021).	
9 março			É suspensa no Parlamento a caducidade das convenções coletivas, através da suspensão por 24 meses dos seus prazos de sobrevivência, para impedir o aproveitamento patronal da crise (Lei n.º 11/2021).
24 março		O governo alarga o apoio extraordinário à redução da atividade económica do trabalhador, à manutenção de contrato de trabalho e ao AERP (DL n.º 23-A/2021) Quanto ao *lay-off* simplificado, reformatado no recém-criado DL n.º 6-E/2021, a sua primeira alteração recupera o acesso às empresas cuja atividade fora afetada (em 40%) pela interrupção das cadeias de abastecimento globais ou pelo cancelamento de encomendas. No mesmo dia, passados quase quatro meses desde a sua criação a 24 de novembro de 2020, o governo altera o Regulamento do Programa APOIAR (Portaria n.º 69-A/2021).	
26 março	Estabelece-se mais um regime excecional e temporário relativo a obrigações tributárias (DL n.º 24/2021). O diploma descreve as múltiplas alterações anteriores.		
29 março	O governo reforça mais uma vez o Programa Adaptar Social+ para apoio às IPSS, entidades equiparadas e privadas a desenvolver atividades de apoio social licenciadas (despacho n.º 3379/2021).		

[27] Pedro Crisóstomo, «Pais com apoio aos filhos estão a ser penalizados na carreira contributiva», *Público*, 9/3/2021.

Anexo II

Lay-off simplificado – N.º de empresas da AML, por escalão de pessoal

	Até 10	De 11 a 25	De 26 a 49	De 50 a 249	Mais de 249	Total
A 8/7/2020	25838	3826	1173	896	235	31968
A 15/7/2020	25893	3810	1167	892	234	31996
A 23/7/2020	25930	3808	1178	889	234	32039
A 30/7/2020	25957	3806	1183	881	236	32063
A 6/8/2020	25975	3801	1176	886	236	32074
A 13/8/ 2020	26008	3782	1162	888	232	32072
A 1/9/2020	25997	3769	1167	883	231	32047
A 15/10/ 2020	25934	3716	1166	858	232	31906
A 27/1/ 2021	25770	3631	1111	828	225	31565
A 2/3/2021	13327	1872	511	370	97	16177

Fonte: GEP, MTSSS.

Apoio Extraordinário à Retoma Progressiva – N.º de empresas da AML por escalão de n.º de trabalhadores

	Até 10	De 11 a 25	De 26 a 49	De 50 a 249	Mais de 249	Total
AML	7933	1175	375	208	34	9725
Total	24062	3555	1091	696	81	29475
% do total	33%	33,1%	34,4%	30,3%	42%	33%

Apoio Extraordinário à redução de atividade económica – N.º de pedidos de trabalhadores independentes (TI).

	Mar	Abr	Mai	Jun	Jul	Ago	Set	Out	Nov	Dez
Total	160163	28011	8565	2260	5162	4421	1511	1253	1651	1621
Lisb+Set	48780	8405	2696	770	1991	1792	544	422	496	550
% do total	31%	30%	32%	34 %	39%	41%	36%	34%	30%	34%

Apoio Extraordinário à redução de atividade económica – N.º de renovação de pedidos de trabalhadores independentes (TI).

	Abr	Mai	Jun	Jul	Ago	Set	Out	Nov	Dez
Total	112565	110683	67417	61138	57786	35826	21066	17707	16455
Lisb+Set	30551	31800	20691	20288	20279	12381	6656	5178	4272
% do total	27%	29%	31%	33%	35%	35%	32%	29%	26%

Apoio Extraordinário à redução de atividade económica – N.º de pedidos de membros de órgãos estatutários (MOE).

	Abr	Mai	Jun	Jul	Ago	Set	Out	Nov	Dez
Total	13312	10491	1305	2734	7736	1248	953	1959	2047
Lisb+Set	5581	3782	517	1064	2727	413	332	614	337
% do total	42%	36%	40%	39%	35%	33%	35%	31%	17%

Apoio Extraordinário à redução de atividade económica – N.º de renovação de pedidos de membros de órgãos estatutários (MOE).

	Mai	Jun	Jul	Ago	Set	Out	Nov	Dez
Total	9805	9912	9207	9955	12441	12358	11383	12019
Lisb+Set	4156	4120	4170	4530	4838	4651	3797	3849
% do total	42%	42%	45%	46%	39%	38%	33%	32%

CAPÍTULO 4

A financeirização na Área Metropolitana de Lisboa: da crise financeira à crise habitacional

Ana Cordeiro Santos, Nuno Teles,
Catarina Frade, Raquel Ribeiro

1. De financeirização semiperiférica a financeirização metropolitana

A financeirização manifesta-se nos territórios de maneiras muito diversas. A forma como a finança vem adquirindo poder económico e político nas sociedades capitalistas contemporâneas depende do modo como as economias se inserem no mercado financeiro global, caracterizado por relações de poder muito assimétricas, e dos quadros institucionais nacionais que moldam essa inserção, que são histórica e socialmente constituídos (Brown *et al.*, 2017). Na periferia do sistema-mundo, os países do Sul pagam um tributo particularmente pesado pela sua participação no mercado financeiro global, suportando taxas de juro muito superiores às dos restantes países e sendo forçados a acumular montantes avultados de reservas monetárias internacionais para garantir a convertibilidade das suas moedas. Tal implica a transferência de importantes recursos da periferia para o centro, agravando o denominado processo de financeirização subordinada (Kaltenbrunner e Painceira, 2018; Santos e Teles, 2021).

O processo de financeirização português assumiu um carácter semiperiférico (Rodrigues *et al.*, 2016a, 2016b). Beneficiando de uma moeda de reserva internacional, o Euro, a economia portuguesa pôde aceder a financiamento externo a baixo custo. Através da intermediação de um setor bancário nacional recentemente privatizado e crescentemente alinhado com os mercados financeiros europeus liberalizados, o financiamento externo alimentou a expansão do mercado imobiliário português de meados dos anos 90 até à crise financeira de 2008. Esta ditou uma profunda mudança no processo de financeirização em curso e do nexo finança-imobiliário que o caracterizava. A expansão da finança passou a assentar em investimento estrangeiro no imobiliário nacional, que mais do que compensou a procura doméstica, deprimida por uma estrutura produtiva degradada por baixos níveis de investimento e produtividade.

Contudo, a trajetória recente da economia portuguesa manifesta-se de forma bastante heterogénea no território nacional. Assiste-se a uma crescente polarização em torno da Área Metropolitana de Lisboa (AML), onde estas transformações são mais intensas, ao mesmo tempo que se aprofunda a periferização da economia nacional como um todo. O compromisso social e político da primeira fase do processo de financeirização – que alinhou a acumulação de riqueza patrimonial das classes médias com o dinamismo do setor bancário nacional – foi quebrado. Em seu lugar, emergem novas tensões sociais, designadamente as suscitadas pela crise habitacional, a que o Estado é chamado a dar resposta.

O presente capítulo traça a trajetória da financeirização da economia e da sociedade portuguesas, dedicando especial atenção ao modo como a crescente relevância do setor financeiro se vem manifestando na AML. Argumenta-se que a financeirização da economia portuguesa corresponde, em grande medida, à financeirização da AML, onde se concentrou a dívida privada e, mais recentemente, o investimento imobiliário estrangeiro. Sublinha-se a extraordinária capacidade de adaptação do capital financeiro a crises económicas e financeiras, e ao agravamento das desigualdades sociais. Se, num primeiro momento, a expansão do crédito bancário se destinou à construção de alojamentos e à sua aquisição pelas famílias, subsequentemente dirigiu-se a investimento especulativo, isto é, à aquisição dos imóveis com o exclusivo propósito de realização de mais-valias, de uma forma crescentemente desalinhada com a satisfação de necessidades habitacionais. A financeirização tem como consequência o agravamento da crise habitacional e das desigualdades socioespaciais daí decorrentes. Se nada for feito, a finança irá adaptar-se às circunstâncias ditadas pela crise pandémica e produzir os seus efeitos assimétricos.

2. Da financeirização da economia ao endividamento das empresas e famílias

A financeirização da economia portuguesa está intimamente ligada ao projeto de integração europeu encetado em 1986, que promoveu de forma acelerada a desregulamentação, a privatização e a liberalização dos mercados financeiros e, por esta via, a expansão e inserção da finança nacional no sistema financeiro internacional. Um dos principais efeitos destas transformações institucionais foi o crescimento, sem quaisquer precedentes, da dívida privada (Rodrigues *et al.*, 2016a, 2016b). A dívida das empresas duplicou, passando de 49,5% do PIB em 1995, para 99,4% em 2012, quando assumiu o valor mais elevado de sempre (registando 78,5% em 2020).[1] Por sua vez, a dívida das famílias triplicou, passando

---

[1] Dados consolidados, disponíveis em: https://ec.europa.eu/eurostat/databrowser/view/NASA_10_F_BS__custom_1119327/default/table?lang=en (consulta a 2 de novembro de 2021).

de 28,4% do PIB, em 1995, para 92,2% em 2009, quando atingiu o valor máximo (registando 69,5% em 2020).[2]

O acesso facilitado ao financiamento externo, desde meados da década de 1990, foi visto como sinal de uma inserção bem-sucedida da finança nacional nos mercados financeiros internacionais, na expectativa de que a expansão do crédito favorecesse a acumulação de capital, condição necessária para o aumento da produtividade e para o crescimento económico. Porém, o capital abundante e barato não contribuiu para a almejada transformação estrutural da economia portuguesa. Pelo contrário, o investimento foi dirigido para setores de trabalho intensivo mais protegidos, para os setores ditos de bens não transacionáveis – como a construção e o imobiliário –, que estavam relativamente salvaguardados da concorrência internacional, conseguindo manter o seu poder de mercado e os seus níveis de rendibilidade (Rodrigues *et al.*, 2016a, 2016b). Com efeito, estes dois setores não só foram os principais responsáveis pelo aumento do endividamento das empresas até à crise financeira – chegando a representar, em 2008, 38% do total dos empréstimos concedidos – como foram os principais responsáveis pela subsequente redução dos empréstimos totais. Em setembro de 2021, representavam 21% do total do crédito concedido.[3]

O crescimento dos empréstimos aos setores da construção e do imobiliário foi acompanhado por um crescimento ainda mais intenso dos empréstimos às famílias, designadamente para a aquisição da residência habitual ou de uma segunda habitação, que constitui cerca de 80% do montante total dos empréstimos concedidos. Segundo os Censos, entre 1991 e 2011 o número de alojamentos

---

[2] Dados consolidados, disponíveis em: https://ec.europa.eu/eurostat/databrowser/view/NASA_10_F_BS__custom_1119327/default/table?lang=en (consulta a 2 de novembro de 2021).

[3] Dados disponíveis em: https://bpstat.bportugal.pt/dados/series?mode=table&svid=WS2_AAAAAAA.viy_AAAAAAA.xC2_AAAAAAA.CcDAAAAAAAA.!!A!T!10!!!False!!!!!!%3A1mhsho%3A7f59un4yS3Lmd_VdfoTK73N35g8&series=12528830,12528985,12529092,12632073&redirectTo=%2Fdados%2Fselecao (consulta a 2 de novembro de 2021).

familiares de residência habitual cresceu 31%, e o de alojamentos de residência secundária ou uso sazonal 300%. A esta evolução correspondeu um aumento da proporção de alojamentos ocupados pelos proprietários, que passou de 65% para 73% do total dos alojamentos, no mesmo período.

Esta evolução do regime de ocupação dos alojamentos familiares foi mais intensa nos municípios pertencentes às áreas metropolitanas de Lisboa e do Porto. Com efeito, a distribuição dos empréstimos a empresas e particulares está fortemente concentrada nas duas áreas metropolitanas. Em 2009, somavam 59% do total do crédito concedido a sociedades não financeiras (SNF), com particular expressão na AML, que absorvia cerca de 43% do total do crédito concedido, enquanto a AMP reunia 16% deste crédito. Desde então, esta desproporção atenuou-se ligeiramente, com a AML a absorver 35% e a AMP 17% dos empréstimos em março de 2021, perfazendo, ainda assim, um total de 53% (Gráfico 1).

Gráfico 1.
Empréstimos a sociedades não financeiras por região
(Milhões de euros, 2002-2021, Banco de Portugal)

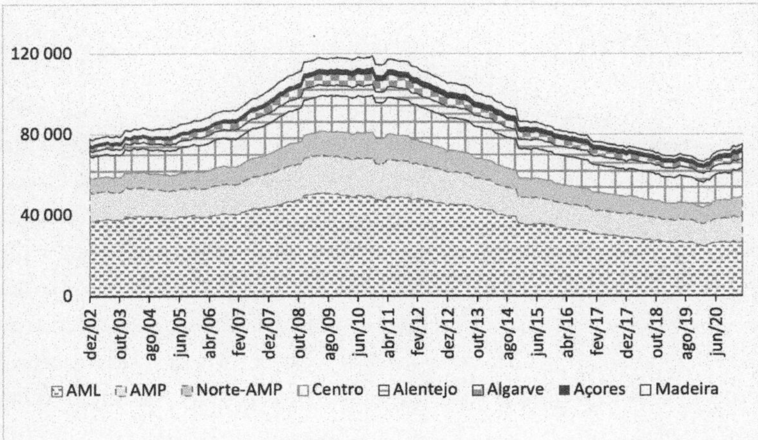

Fonte: Banco de Portugal.

À semelhança do que se verifica na distribuição dos empréstimos às empresas, os empréstimos a particulares também se concentram nas duas áreas metropolitanas, e em especial na AML. Em 2012, cerca de 40% dos empréstimos à habitação estavam concentrados na AML e 17% na AMP, somando 57% do total do crédito concedido (Gráfico 2).

Gráfico 2.
Empréstimos à habitação por região
(Milhões de euros, 2009-2021, Banco de Portugal)

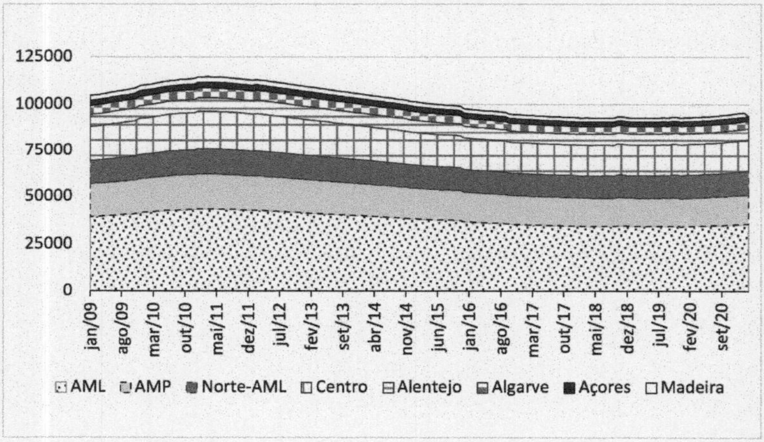

Fonte: Banco de Portugal.

Este crescimento foi particularmente intenso nos municípios de Mafra, Vila Franca de Xira, Loures, Amadora e Sintra, localizando-se maioritariamente ao longo dos eixos de expansão suburbana definidos pelas vias rodoviárias e ferroviárias das linhas de Azambuja, Sado e Sintra, onde se observou uma maior proporção de proprietários com empréstimos bancários (Ribeiro e Santos, 2019). O crédito hipotecário na AML está, portanto, relacionado com o crescimento da área urbana ao longo das principais vias rodoviárias e ferroviárias, onde se concentra a construção de novos alojamentos com uma superfície média útil mais elevada e com custo inferior, destinando-se sobretudo a profissionais intermédios. O crescimento do crédito esteve, assim, associado ao processo de *metropolitanização* deste território, isto é, a um significativo crescimento populacional e a uma intensificação dos movimentos pendulares de grande amplitude entre os locais de residência e de trabalho (Ribeiro e Santos, 2019).

Estes processos contribuíram para acentuar a polarização em torno da AML face ao território nacional (Reis, 2019). Com efeito, em 2011 a AML apresentava uma forte concentração populacional (congregando 27% da população em 4% do território), do emprego (29% do total), incluindo de emprego no setor financeiro e imobiliário (54% e 39% respetivamente), e do produto interno bruto (38%). A par de uma relação mais forte entre finança e habitação – que se traduz na construção de novos alojamentos, na expansão urbana e no endividamento das famílias e empresas – verifica-se, portanto, um maior peso e concentração das atividades financeiras e imobiliárias neste território.

Em suma, a análise da evolução da atividade económica e do endividamento das empresas e famílias até à crise financeira permite-nos concluir que o processo de financeirização da economia e da sociedade portuguesas não decorreu de modo uniforme no território nacional. Com uma maior incidência na Área Metropolitana de Lisboa, o processo de financeirização contribuiu para a concentração da atividade económica e da população neste território, à medida que outras regiões se esvaziavam. Como iremos ver de seguida, foi também nesta região que o impacto da crise financeira se fez sentir com maior intensidade.

3. Da crise financeira à insolvência de empresas, famílias e bancos

A crise financeira de 2008 colocou a economia portuguesa numa posição insustentável. O aumento das necessidades de financiamento, face a uma dívida externa que se foi acumulando ao longo de anos com a ausência de soberania cambial, criou condições para que a desconfiança se instalasse sobre a capacidade do país para se refinanciar e assegurar o serviço da sua dívida. O que poderia ter sido uma tradicional crise da balança de pagamentos, traduzida em especulação em torno da taxa de câmbio e eventual desvalorização, tornou-se, no contexto do Euro, numa crise de dívida pública, visto que o financiamento de emergência estava reservado apenas aos bancos. O valor dos títulos de dívida pública caiu e as taxas de juro implícitas aumentaram. O Estado português perdeu o financiamento de mercado, ficando dependente do financiamento oficial com condições estritas. Foi assim que foi assinado, a 17 de maio de 2011, o Memorando de Entendimento com a *Troika*, o qual impôs austeridade e aprofundamento de reformas de matriz neoliberal. O resultado foi uma forte contração da procura interna, geradora de desemprego e indutora de emigração da população em idade ativa como já não se assistia desde a década de 1960 (Reis, 2021). O PIB caiu e, em 2013, a taxa de desemprego alcançou o valor – inusitado para o contexto português – de 16%.

Concentrando o maior volume de empréstimos concedidos a famílias e empresas, a AML sentiu fortemente o impacto da crise financeira, como se constata pela evolução do crédito vencido de empresas e famílias, isto é, do crédito em situação de incumprimento por os prazos de reembolso não terem sido respeitados. As empresas com sede nesta região foram as mais afetadas pela crise financeira, somando a maior percentagem dos empréstimos vencidos: no pico da crise, em 2015, a AML continha 46% do total dos empréstimos vencidos de empresas (Gráfico 3) e 43% dos empréstimos vencidos de famílias (Gráfico 4).

Gráfico 3.
Empréstimos vencidos a sociedades não financeiras por região
(Milhões de euros, 2002-2021, Banco de Portugal)

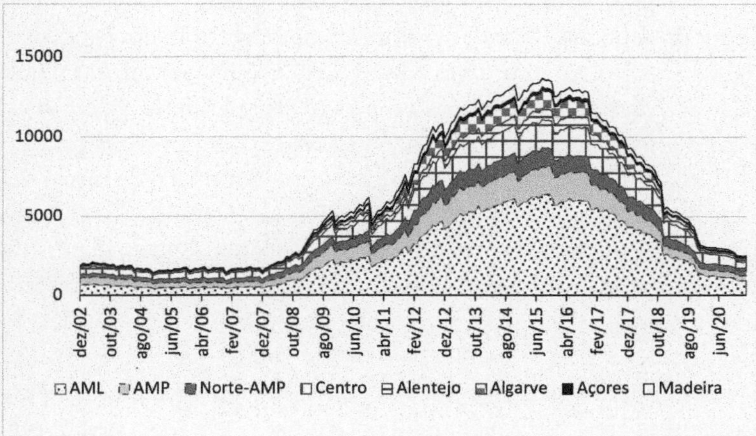

Fonte: Banco de Portugal.

Gráfico 4.
Empréstimos vencidos de particulares por região
(Milhões de euros, 2009-2021, Banco de Portugal)

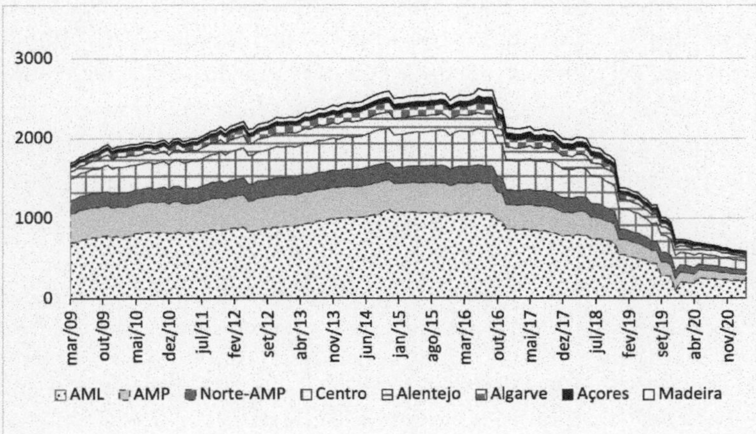

Fonte: Banco de Portugal.

A maior incidência tanto do crédito concedido, como do crédito vencido, nas duas áreas metropolitanas do país, e em especial na AML, reflete-se também no volume de processos de insolvência. Segundo dados da Comissão para o Acompanhamento dos Auxiliares da Justiça (CAAJ) referentes a 2016, Lisboa e Porto concentravam 55% do total de insolvências do país (27% as comarcas de Lisboa e 28% as comarcas do Porto) (CAAJ, 2017).[4]

Uma análise longitudinal da evolução do número de insolvências decretadas em Portugal, quer de pessoas singulares (incluindo indivíduos e comerciantes em nome individual), quer de pessoas coletivas, vem confirmar que a crise financeira se traduziu também num aumento do movimento processual, como resulta do Gráfico 5.[5] Se até à instalação da crise financeira, o número de insolvências decretado pelos tribunais de primeira instância era muito reduzido, particularmente no que se refere a pessoas singulares, a partir de 2009 os números aumentam significativamente e, em 2011, as insolvências de pessoas singulares ultrapassam pela primeira vez as de pessoas coletivas, tendência que dez anos volvidos se mantém. 2012, 2013 e 2014 representam os anos em que mais pessoas singulares e coletivas foram declaradas insolventes. A partir de então, registou-se uma redução progressiva, embora lenta, que se acentuou em 2019 e, sobretudo, em 2020. Contudo, os dados para este último ano terão de ser lidos com cautela, face ao contexto especial trazido pela crise pandémica e pelas medidas extraordinárias de apoio às famílias e empresas que então foram adotadas.

---

[4] Ressalve-se que não há uma coincidência perfeita entre os municípios que integram a AML e a AMP e as três comarcas de Lisboa (Lisboa, Lisboa Norte e Lisboa Oeste) e as duas do Porto (Porto e Porto Este) referidas nos dados da CAAJ. Todavia há uma considerável sobreposição geográfica, que nos permite traçar, ainda que com esta ressalva, o paralelismo com os dados obtidos do Banco de Portugal sobre o crédito.

[5] Elaboração própria a partir das estatísticas trimestrais sobre processos de falência, insolvência e recuperação de empresas e sobre processos especiais de revitalização da Direção-Geral da Política de Justiça.

Gráfico 5.
Insolvências de Pessoas Singulares e Coletivas
(2007-2021, Direção-Geral da Política de Justiça)

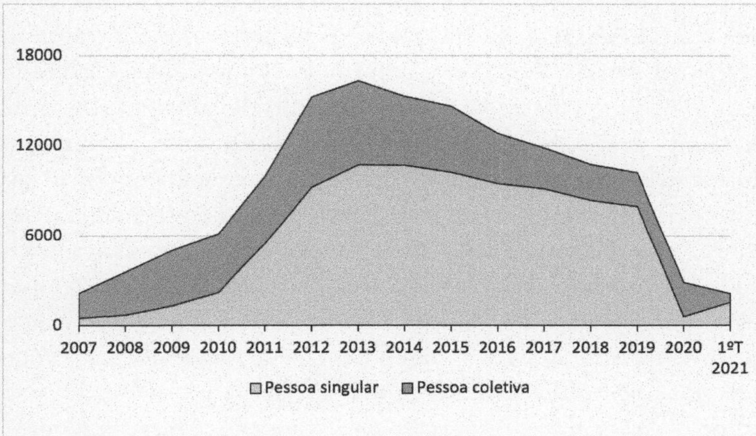

Fonte: Direção-Geral da Política de Justiça.

Como é sabido, a banca foi fortemente atingida pela crise financeira global. À degradação da situação financeira das empresas e famílias – culminando, como vimos, no crescimento do crédito malparado, na escalada de insolvências e na subida vertiginosa do desemprego – acresce o difícil acesso ao financiamento nos mercados interbancários e a subsequente crise do Euro. As perdas acumuladas pelo incumprimento do crédito e pela crise do Euro, nomeadamente com a perda de valor dos títulos de dívida pública nacionais, colocaram a banca nacional numa situação de quase insolvência. Fortemente endividada nos mercados europeus, ela ficou particularmente exposta à crise do mercado imobiliário, dado o peso do crédito ao setor da construção e imobiliário e do crédito à habitação.

A banca nacional atravessou um período de profunda reestruturação, sujeitando-se a uma vaga de recapitalizações – captando 12 mil dos 78 mil milhões de euros do programa da *Troika* para o efeito – e a um intenso processo de desalavancagem, comprometendo-se com a redução do rácio entre crédito concedido e depósitos de 1,6 para 1,2 entre 2011 e 2014. Para o efeito, levou a cabo uma política de alienação de ativos, designadamente de imóveis cujo *stock* se acumulava com o avolumar do crédito mal-parado. Tal não impediu a insolvência de alguns bancos privados, como o Banif e o BES. Seguindo a nova orientação da Comissão Europeia para o setor bancário, consubstanciada na criação da União Bancária em 2014, que passou a privilegiar a concentração num número reduzido de grandes bancos europeus com sucursais nos vários Estados-Membros, assistiu-se a uma crescente internacionalização da propriedade da banca nacional com o reforço acionista estrangeiro. Foi o caso do BPI, com a entrada do acionista espanhol *La Caixa*, do Novo Banco, que foi adquirido pelo fundo de investimento *Lone Star*, ou do Banif, que foi vendido ao banco espanhol *Santander*. O nexo finança-imobiliário, que tinha sido o motor económico do país desde os anos 90, parecia implodir.

4. A retoma económica e a nova vaga de investimento no imobiliário

A partir de 2015, a economia portuguesa volta a crescer e a criar emprego; porém, este crescimento já não assenta no crédito bancário direcionado a agentes domésticos. A relação entre finança e imobiliário deixa de se basear no crédito para a construção e aquisição de casa própria (e secundária), para passar a estar associada a investimento especulativo visando a rápida valorização dos imóveis, empolada pelo dinamismo do setor do turismo, que regista taxas de crescimento anuais perto dos 10% até 2020 (Teles, 2018). Com efeito, a crise económica e o programa de ajustamento subsequente reforçaram o perfil de especialização da economia portuguesa, assente nos setores do turismo, do imobiliário e da construção. Com o investimento produtivo estagnado, as políticas de desvalorização interna, consagradas ao embaratecimento do trabalho e dos ativos nacionais, bem como a liberalização de vários mercados, designadamente do trabalho e do arrendamento, estimularam estes setores, de reduzido valor acrescentado, induzindo uma nova vaga de desindustrialização. Ainda que se tenha assistido a um notável aumento do emprego, este é precário e mal pago (Teles *et al.*, 2021).

No contexto da crise financeira global, caracterizado por baixas taxas de crescimento do Produto, a opção por uma política monetária assente na injeção de liquidez nos mercados financeiros (conhecida por *Quantitative Easing*), para garantir a manutenção das taxas de juro em valores baixos, tornou o investimento imobiliário atrativo para o capital transnacional, à procura de elevadas taxas de retorno (Fernandez *et al.*, 2016). Portugal tornou-se um destino muito apelativo para este tipo de fluxos de capital. A pertença à Zona Euro garantia um risco cambial reduzido, e o valor relativamente baixo dos imóveis indiciava um maior potencial de ganhos, uma vez que Portugal não chegou a passar por uma bolha imobiliária como muitos outros, incluindo a vizinha Espanha.

Um conjunto de políticas implementadas durante o período da crise estimulou ainda mais esta procura externa. Destacam-se o Regime Fiscal Específico para o Residente Não Habitual, aprovado em 2009, que passou a isentar do pagamento de Imposto sobre o Rendimento das Pessoas Singulares (IRS) os rendimentos de cidadãos não residentes, e o Regime de Autorização de Residência para Atividade de Investimento (os chamados Vistos Dourados), que entrou em vigor em outubro de 2012. Por via da concessão de autorização de residência e de benefícios fiscais atraentes, estas medidas promoveram a aquisição de imóveis por parte de cidadãos estrangeiros. Por sua vez, a revisão de 2012 do Novo Regime do Arrendamento Urbano (NRAU) acelerou a disponibilização de imóveis no mercado imobiliário, ao facilitar o termo dos contratos de arrendamento. Com a construção estagnada, verificou-se uma aceleração do volume de transações de imóveis e o crescimento do arrendamento de curta duração com fins turísticos. Entre 2014 e 2018, o número de transações, na sua grande maioria de apartamentos já existentes, triplicou, enquanto o número de apartamentos registados como alojamento local sextuplicou (Santos, 2019).

Não sendo fácil quantificar com exatidão a origem dos fluxos de capital dirigidos ao setor imobiliário, vários indicadores apontam para um aumento muito significativo do capital estrangeiro. Como o Gráfico 6 ilustra, o valor do investimento direto estrangeiro em imobiliário, registado na balança de pagamentos, quase quadruplicou, disparando de um valor em torno de 500 milhões de euros, durante a crise financeira, para cerca de 2 mil milhões, em 2018.

Gráfico 6.
Investimento direto estrangeiro em imobiliário
(Milhões de euros, 2008-2020, Banco de Portugal)

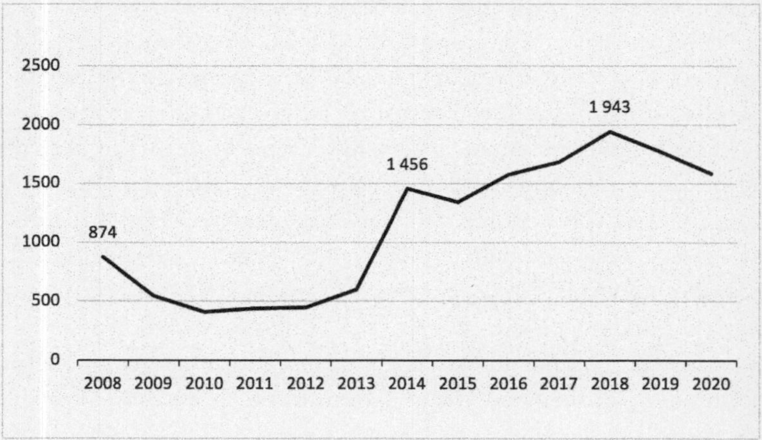

Fonte: Banco de Portugal.

Considerando o volume e o valor de imóveis transacionados, de acordo com os dados da Direção-Geral da Política de Justiça do Ministério da Justiça, em 2019 8,5% dos imóveis transacionados em Portugal foram vendidos a não residentes, correspondendo a 13,3% do valor total transacionado. Entre 2012 e 2019, o número de vendas a não residentes quase triplicou, passando de cerca de 7 mil para 20 mil imóveis, correspondendo, no último ano, a um valor superior a 3 mil milhões de euros, o que representa aproximadamente 2% do PIB (Gráfico 7).

Gráfico 7.
Imóveis adquiridos por não residentes,
(2012-2019, DGPJ)

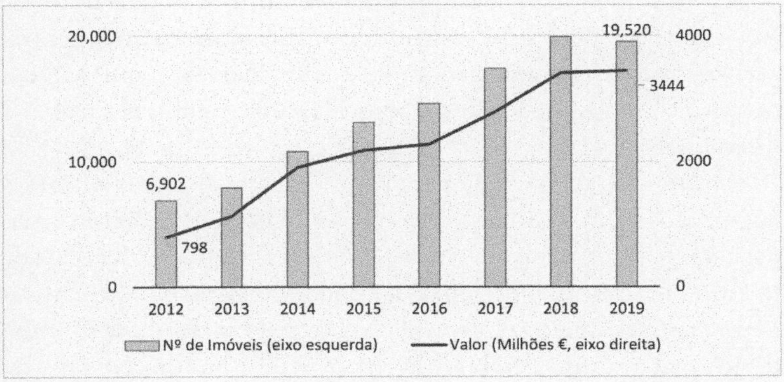

Fonte: INE.

Embora o volume de compras de imóveis por não residentes se distribua de forma relativamente homogénea pelo país [Algarve (27%), Centro (23%), Norte (21%) e AML (21%)], em 2019, o valor destas transações concentra-se na AML (36%) e no Algarve (38%), que reúnem 74% do valor realizado. Refletindo o poder de compra acrescido dos investidores estrangeiros, o valor das transações realizadas por estrangeiros é muito mais elevado do que o das transações realizadas por residentes, e não deixa de exercer pressão sobre o mercado como um todo. Em 2019, o valor médio dos prédios vendidos a não residentes foi de cerca de 176 mil euros, isto é, 57% superior ao valor médio das transações totais. O preço dos prédios transacionados a não residentes foi significativamente mais elevado na AML (305 mil euros) e no Algarve (247 mil euros) em relação à média nacional. Quanto aos principais países de residência dos compradores, em termos do valor transacionado destacam-se a França (18%), o Reino Unido (17%), o Brasil (8%), a Alemanha (6%) e a China (5%).[6]

[6] Dados disponíveis em https://www.ine.pt/xportal/xmain?xpid=INE&xpgid=ine_destaques&DESTAQUESdest_boui=415330840&DESTAQUESmodo=2&xlang=pt (consultado a 8 de novembro de 2021).

O impacto dos «Vistos Dourados» nesta trajetória é evidente, ao estabelecer como requisito para a atribuição da licença de residência um investimento mínimo de 500 mil euros em imóveis. Entre outubro de 2012 e setembro de 2021, o investimento total realizado ao abrigo deste programa totalizava quase 6 mil milhões de euros, com a aquisição de bens imóveis a representar 90,5% deste investimento.[7]

A procura por imobiliário não se limitou a uma elite internacional, atraída por benefícios fiscais, nem sequer à conversão da habitação residencial em novos usos turísticos: deve ainda incluir-se a crescente presença de fundos de investimento estrangeiro, em resultado da crise da banca nacional, que dispunha de um património imobiliário apetecível e que necessitava de o vender. Fundos de investimento como os norte-americanos Lone Star, que adquiriu o Novo Banco, e *Apollo,* que comprou o portfólio imobiliário da Fidelidade, adquiriram o património imobiliário da banca nacional, que se dispôs a vendê-lo por uma fração do seu valor (Santos, 2019). Constituindo uma transação de carteiras entre entidades financeiras, tais operações não são registadas nas duas categorias acima enunciadas, embora sejam cada vez mais relevantes. Segundo a consultora JLL, grandes investidores internacionais – como o Cerberus, Bain Capital, KKR, Davidson Kemper Partners, AnaCap e o Deutsche Bank – têm vindo também a interessar-se pelas carteiras de imobiliário da banca nacional. Em 2019, o Novo Banco vendeu ativos no valor de 3,5 mil milhões de euros, a Caixa Geral de Depósitos no valor de 1,3 mil milhões, o BCP de 600 milhões e o Montepio de 300 milhões. Embora estes dados não distingam a propriedade residencial da comercial (i.e., lojas, centros comerciais, escritórios, hotéis), verifica-se um interesse crescente pela segunda, registando um volume de 3,2 milhões de euros em 2019,

---

7 Dados disponíveis em https://www.sef.pt/pt/Documents/SETEMBRO_2021_ARI_CUMULATIVO.pdf (consultado a 9 de novembro de 2021).

com o peso de investidores internacionais a atingir 87% destas transações (JLL, 2020).

Se numa primeira fase (entre meados dos anos 90 e a crise financeira) a financeirização se associa à expansão do crédito hipotecário, numa segunda (desde a crise financeira até à crise pandémica) caracteriza-se por uma crescente procura transnacional dirigida ao imobiliário nacional; em ambos os momentos, no entanto, a expansão da finança envolve de forma significativa o setor imobiliário e tem particular expressão na AML. Foi aí que se verificou o maior crescimento da construção de novos alojamentos residenciais e da sua aquisição com recurso a empréstimos bancários, como foi nesta região que surgiu maior interesse por parte de investidores estrangeiros. Estes efeitos foram ainda mais pronunciados no município de Lisboa, onde se registou o maior volume de transações de imóveis e de conversão de imóveis para fins turísticos (Mendes *et al.*, 2019). Não é, por isso, de estranhar que tenha sido em Lisboa que se verificou o maior aumento dos preços da habitação, seja no mercado de venda, seja no mercado de arrendamento. Em 2018, a capital registou o crescimento mais elevado dos preços de venda face ao ano anterior (23,5%) entre todas as cidades do país com mais de 100 mil habitantes (INE, 2019). A nível nacional, os preços da habitação têm vindo a crescer desde 2015, e sem qualquer interrupção, nem mesmo durante a crise pandémica. No segundo trimestre de 2021, o índice de preços da habitação atingiu o valor mais elevado de sempre: 162,5 face aos preços de 2015, muito acima da média simples para o conjunto dos Estados-Membros da União Europeia, já de si elevada, de 143,8.[8]

Resultado dos incentivos mencionados, e em especial das alterações de 2012 ao NRAU, este movimento especulativo associa-se a profundas transformações no tecido social da AML, decorrentes do termo dos contratos de arrendamento e da colocação dos

---

[8] Dados disponíveis em: https://ec.europa.eu/eurostat/databrowser/view/tipsho40/default/table?lang=en (consulta a 2 de novembro de 2021).

imóveis no mercado para venda ou para conversão para fins turísticos. A evolução dos pedidos de procedimento especial de despejo apresentados ao Balcão Nacional do Arrendamento (BNA)[9] ilustra bem a magnitude destas transformações. Como se pode observar no Gráfico 8, o número de pedidos de despejo cresce significativamente entre 2013 e 2015, decrescendo entre 2016 e 2019 e caindo acentuadamente no início da crise pandémica, com a entrada em vigor das diversas medidas de suspensão dos despejos e da cessação dos contratos de arrendamento habitacional e não habitacional. Mais uma vez, a AML é o palco privilegiado destas operações, concentrando 43,0% dos pedidos de despejo no primeiro período, proporção que aumenta para 46,2% no segundo período e para 51,8% após a crise pandémica (estes valores são de 21,5%, 20,3% e 17,9% para a AMP, respetivamente).[10]

---

[9] O BNA foi criado na sequência da aprovação da Lei n.º 31/2012, de 14 de agosto, enquanto secretaria judicial com competência exclusiva para a tramitação do procedimento de despejo em todo o território nacional, com vista a criar «um procedimento especial que permite que a desocupação do imóvel seja realizada de forma célere e eficaz no caso de incumprimento do contrato por parte do arrendatário». Este mecanismo «aplica-se à cessação do contrato por revogação, por caducidade pelo decurso do prazo, por oposição à renovação, por denúncia livre pelo senhorio, por denúncia para habitação do senhorio ou filhos ou para obras profundas, por denúncia pelo arrendatário, bem como à resolução do contrato de arrendamento por não pagamento de renda por mais de dois meses ou por oposição pelo arrendatário à realização de obras coercivas» (cf. preâmbulo do Decreto-Lei n.º 1/2013, de 7 de janeiro, que procede à instalação e à definição das regras de funcionamento do BNA).

[10] Os valores e os dados representados nos Gráficos 8 a 11 foram calculados a partir da base de dados do BNA.

Gráfico 8.
Pedidos de despejo por região
(2013-2021, Balcão Nacional do Arrendamento)

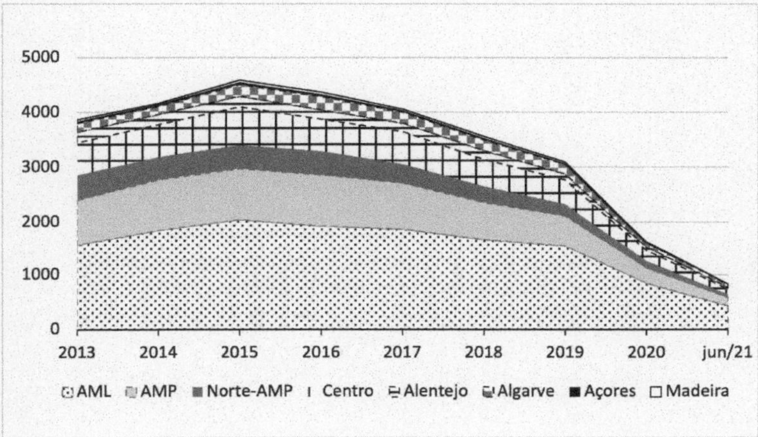

Fonte: Balcão Nacional do Arrendamento.

A análise dos fundamentos invocados para solicitar um procedimento especial de despejo também é ilustrativa das diversas fases da financeirização e das suas consequências. O motivo principal refere-se genericamente à mora no pagamento da renda (resolução pelo senhorio nos termos do n.º 3 do art.º 1083 do Código Civil)[11] e constitui o fundamento de cerca de 90% dos pedidos de despejo até 2016. A partir de 2017, a «cessação por oposição à renovação pelo senhorio» cresce significativamente: 5,4% em 2017, 10,1% em 2018 e 14,6% em 2019 (ver Gráfico 9), assumindo valores ainda mais expressivos nos municípios de Lisboa (10,2%, 17,2% e 31,5%, respetivamente) e Porto (8,0%, 19,4% e 25,5%, respetivamente).

---

[11] «É inexigível ao senhorio a manutenção do arrendamento em caso de mora igual ou superior a dois meses no pagamento da renda, encargos ou despesas que corram por conta do arrendatário ou de oposição por este à realização de obra ordenada por autoridade pública, sem prejuízo do disposto nos números 3 a 5 do artigo seguinte.»

Gráfico 9.
Pedidos por cessação por oposição à renovação pelo senhorio (2013-2021, Balcão Nacional do Arrendamento)

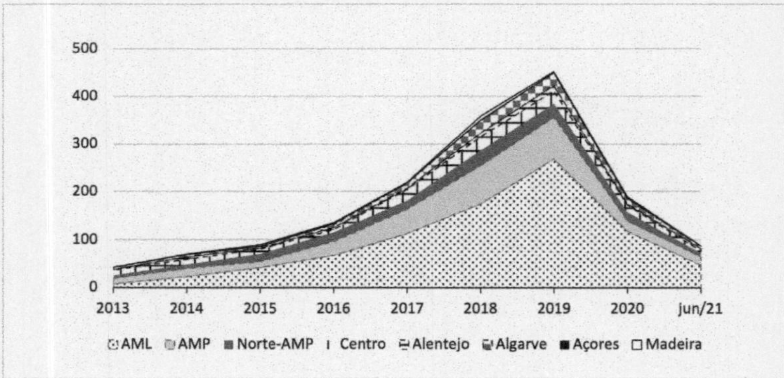

Fonte: Balcão Nacional do Arrendamento.

Entre janeiro de 2013 e junho de 2021 (Gráfico 10), os pedidos de despejo apresentados ao BNA repartiram-se de forma relativamente equitativa entre aqueles relativos a arrendamento habitacional constitutivo de morada de família e os que se referem a outros arrendamentos (e.g., comércio).

Gráfico 10.
Pedidos e títulos gerados por tipo de arrendamento (2013-2021, Balcão Nacional do Arrendamento)

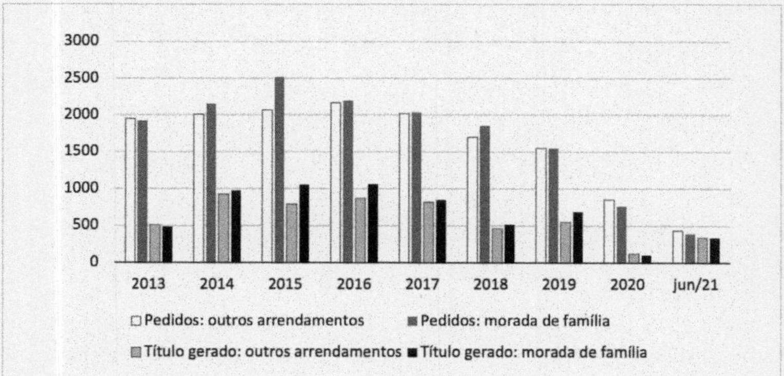

Fonte: Balcão Nacional do Arrendamento.

O Gráfico 11 regista a evolução dos títulos de desocupação gerados pelo BNA a nível regional. Uma primeira evidência, em termos globais, é a queda abrupta dos títulos gerados em 2020, motivada pelas medidas de suspensão dos despejos.[12] Contudo, os dados de 2021 revelam que, apesar de o número de pedidos ser ainda bastante inferior ao período anterior à pandemia,[13] os títulos de despejo emitidos no primeiro semestre de 2021 foram já mais de metade do número de títulos emitidos em 2019, o que sugere a reemergência da crise habitacional, com o fim das medidas extraordinárias de mitigação dos efeitos da pandemia, num contexto de rendas elevadas. Como seria de esperar, a AML concentra o maior volume dos títulos gerados no primeiro semestre de 2021.

---

[12] À semelhança do sucedido com a adoção de medidas públicas de apoio às famílias e empresas endividadas junto do sistema financeiro (regime de moratórias), também se aprovaram medidas de apoio aos arrendatários e senhorios. De acordo com a Lei n.º 1-A/2020, de 19 de março (alterada sucessivamente pelas Leis n.º 14/2020, de 9 de maio, n.º 58-A/2020, de 30 de setembro, e 75-A/2020, de 30 de dezembro), foram suspensos, até 30 de junho de 2021, os despejos, os prazos de caducidade dos contratos de arrendamento habitacionais e comerciais e as denúncias de contratos e oposições à renovação dos contratos de arrendamento habitacional e não habitacional efetuadas por parte do senhorio. Adicionalmente, foi ainda instituído um regime extraordinário de flexibilização do pagamento das rendas para os arrendatários que tenham sofrido uma quebra de rendimento de no mínimo 20% devido à pandemia (Lei n.º 4-C/2020, de 6 de abril). Este regime, que só vigorou até junho de 2020, foi complementado com o Programa de Apoio Excecional ao Arrendamento Habitacional, no âmbito do qual era possível aos agregados fazer um pedido de empréstimo ao Instituto da Habitação e da Reabilitação Urbana (IHRU) para ajuda ao pagamento da renda.

[13] O tempo mediano entre a formulação do pedido e a emissão do título especial de despejo foi de 94 dias para os pedidos apresentados entre 2013 e 2016, e de 135 dias para os apresentados entre 2017 e 2019, com uma percentagem de aprovação de 42,3% entre 2013 e 2017.

Gráfico 11.
Títulos de desocupação por região
(2013-2021, Balcão Nacional do Arrendamento)

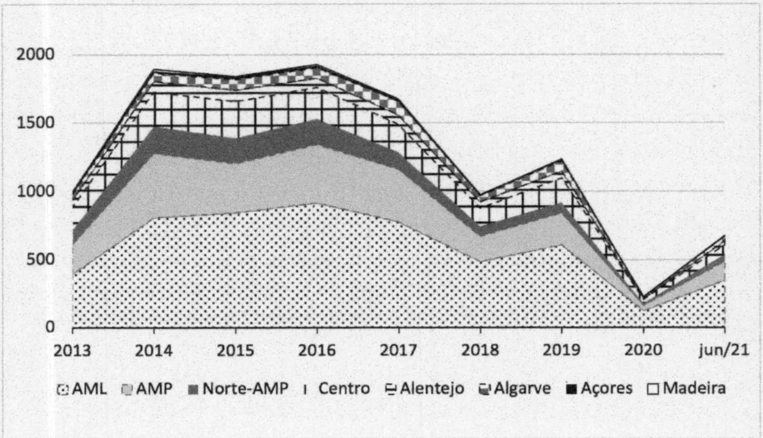

Fonte: Balcão Nacional do Arrendamento.

É certo que, para avaliar com maior detalhe o impacto da segunda fase da financeirização na AML, teremos de aguardar pela disponibilização dos dados dos Censos de 2021. Contudo, podemos antever uma intensificação do processo de *metropolitanização* deste território, com o aumento dos movimentos pendulares de grande amplitude entre os locais de residência e de trabalho, devido à deslocação da população, que não consegue acompanhar a evolução dos preços das casas e das rendas, para as zonas periféricas deste território. Com efeito, dados preliminares dos Censos de 2021 confirmam um aumento populacional significativo nos concelhos mais periféricos da AML, como Mafra (12,8%) e Palmela (9,6%) e um decréscimo da população no centro (Lisboa perde 1,4%).[14] O resultado desta deslocação é o agravamento da segregação socioespacial da população residente na AML, acentuando ainda mais as diferenças territoriais e sociais, isto é, antecipa-se

[14] Dados disponíveis em: https://www.ine.pt/scripts/db_censos_2021.html (consulta a 2 de novembro de 2021).

uma concentração dos profissionais mais qualificados com maior nível de rendimento nos municípios centrais e dos trabalhadores com menor nível de qualificação na periferia.

5. Da crise pandémica a uma nova fase de financeirização?

Portugal foi um dos países europeus onde os efeitos nefastos da pandemia mais se fizeram sentir na economia, registando uma queda do PIB de -8,4% em 2020 (sendo a média para o conjunto dos Estados-Membros da UE de -5,9%).[15] Este impacto deve-se, em grande medida, ao encerramento da atividade económica no setor do turismo, que passou a assumir um peso muito relevante na economia portuguesa desde a crise financeira. Em 2018, este setor correspondia a 8,0% do PIB, a 9,8% do emprego, e a 51,1% das exportações de serviços, valores significativamente superiores à média obtida para o conjunto dos países da OCDE (4,4% do PIB, 6,9% do emprego e 21,5% das exportações de serviços) (OCDE, 2020). Tal significa que Portugal é um dos países da UE com maior exposição ao impacto da pandemia, juntamente com Chipre, Malta e Grécia (Schuler, 2020). Pelas razões inversas, os países importadores líquidos deste tipo de serviços, como a Alemanha, beneficiaram de uma almofada adicional, com a evolução positiva da balança de serviços de viagens e turismo (Gunnella *et al.*, 2020). Não é por isso de estranhar que Portugal seja um dos países que se estima que venha a demorar mais a recuperar desta crise: segundo a OCDE, serão precisos dois anos e três trimestres para que o PIB *per capita* português atinja o valor de 2019.[16]

---

[15] Dados disponíveis em: https://ec.europa.eu/eurostat/databrowser/view/tec00115/default/table?lang=en (consulta a 3 de novembro de 2021).

[16] Dados disponíveis em: https://www.oecd.org/economic-outlook/may-2021/ (consulta a 3 de novembro de 2021).

Não obstante, Portugal foi também um dos países desenvolvidos que menor esforço orçamental dedicou ao combate à crise económica causada pela pandemia, provavelmente por receio de futuros processos de ajustamento impostos pela UE. O esforço orçamental português foi de apenas 5,7% do PIB, o que compara com um esforço de quase 20% do PIB para a generalidade das economias desenvolvidas.[17] Ainda assim, o impacto da crise fez-se sentir de forma relativamente modesta na evolução das insolvências e do desemprego, como vimos. Este paradoxo é explicado não só pelas medidas de *lay-off* de trabalhadores, que permitiram a conservação de emprego em setores mais afetados, mas sobretudo pela enorme adesão de famílias e empresas às moratórias e garantias de crédito. Assim, numa economia altamente endividada como a portuguesa, os agentes privados conseguiram evitar o serviço da dívida, adiando o seu pagamento para o futuro, numa medida sem aparentes custos públicos e que permitiu, até ver, preservar os balanços dos bancos.

Porém, os agentes privados com elevados encargos financeiros com o crédito bancário encontram-se novamente numa situação de enorme vulnerabilidade, especialmente as empresas e os trabalhadores das atividades associadas ao sector do turismo. Ainda que o endividamento de empresas e famílias tenha caído substancialmente após a crise financeira de 2008, este não deixou de permanecer em níveis elevados. Beneficiando da experiência fracassada das políticas prosseguidas no rescaldo da crise financeira global, que levaram ao incumprimento em larga escala de empresas e famílias (cf. Gráficos 3 e 4), na atual crise foram adotadas medidas especiais dirigidas aos créditos bancários.

[17] Dados disponíveis em: https://www.imf.org/en/Topics/imf-and-covid19/~/media/Files/Topics/COVID/FM-Database/july-2021-country-fiscal-measures-database-publication-v2.ashx (consulta a 9 de novembro de 2021).

A moratória de crédito foi uma das principais medidas excecionais de apoio a famílias e empresas, adotada com o propósito de mitigar os impactos da pandemia,[18] tendo em vista garantir a continuidade do financiamento a empresas e famílias e prevenir um eventual incumprimento do crédito resultante da contração da atividade económica e do emprego. O elevado nível de endividamento das empresas e das famílias portuguesas relativamente às suas congéneres europeias, bem como a exposição da economia portuguesa à pandemia por via do turismo, ajudam a explicar o facto de Portugal ter sido o terceiro país da UE com o valor mais elevado de empréstimos em moratória (Frade *et al.*, 2021).

As moratórias de crédito entraram em vigor em março de 2020. O extraordinário grau de adesão a esta medida denota a vulnerabilidade financeira em que uma proporção significativa das empresas e famílias portuguesas se encontrava, ou temia vir a encontrar-se no futuro. O valor mais elevado de crédito em moratória foi atingido em agosto de 2020, quando cerca de 436 mil famílias e 55 mil empresas tinham empréstimos em moratória, correspondendo a um montante total de 21 e 25 mil milhões de euros, e a 17% e a 35% do total dos empréstimos de cada segmento, respetivamente. Desde então, observa-se uma tendência decrescente, com um número significativo de devedores a retomar o pagamento das suas prestações bancárias desde março de 2021. Em setembro de 2021, menos de um quarto das famílias (90 mil, com um montante em moratória de 5 mil milhões de euros, correspondendo a 4% do total dos empréstimos bancários) estavam abrangidas por moratórias, ao passo que mais de metade das empresas ainda o estavam: 34 mil, com um montante de 13 mil milhões de euros, correspondendo a 18% dos seus empréstimos bancários (Gráficos 12 e 13).

---

[18] Sobre a moratória pública e as moratórias privadas de crédito, ver Frade *et al.* (2021).

Gráfico 12.
Devedores com empréstimos em moratória
(Milhares, Banco de Portugal)

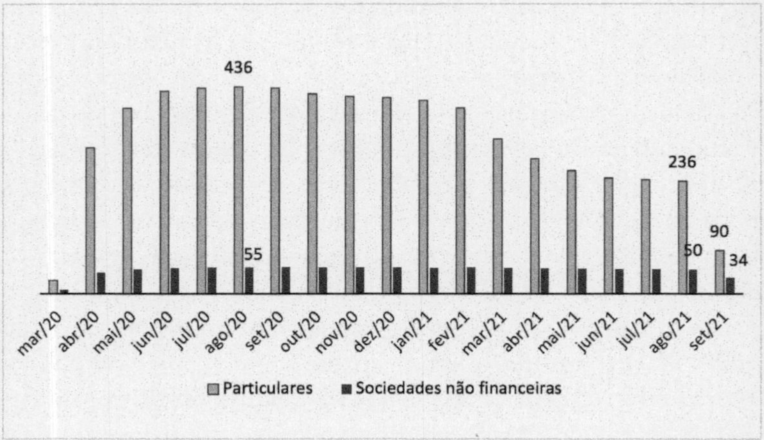

Fonte: Banco de Portugal.

Gráfico 13.
Empréstimos em moratória
(Milhares de milhão de euros, Banco de Portugal)

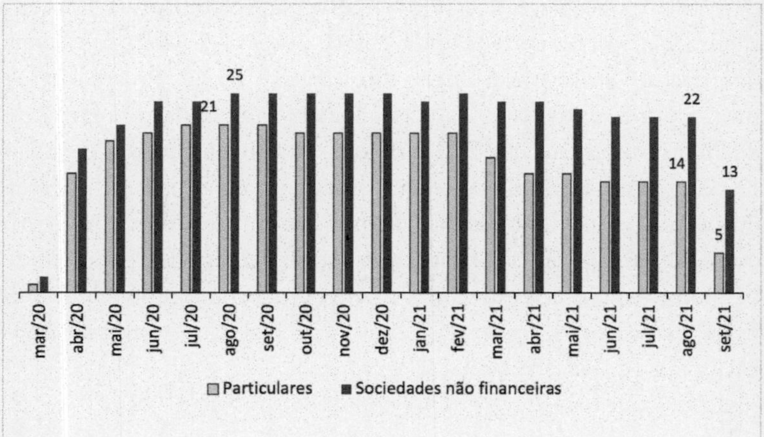

Fonte: Banco de Portugal.

Estes dados mostram que as famílias e as empresas estão a retomar o pagamento dos seus empréstimos, mas, com base em dados de setembro de 2021, é ainda muito cedo para avaliar o impacto da cessação das moratórias. Só se começa a ter uma ideia mais apurada da dificuldade financeira destes agentes a partir de 2022, decorrido o período de 90 dias de não pagamento do reembolso dos empréstimos, momento a partir do qual o crédito é classificado como empréstimo vencido.

Embora não seja ainda possível estimar a sua magnitude, é previsível que o volume dos empréstimos vencidos de empresas e famílias venha a aumentar em 2022, afetando o sistema financeiro nacional. Este efeito está já a ser antecipado pela generalidade dos bancos nacionais, admitindo que o principal risco com que se deparam no curto prazo seja precisamente o enfrentamento de perdas com o fim das moratórias. Se as moratórias e as linhas de crédito com garantia pública permitiram evitar o aumento do incumprimento de empresas e famílias, os empréstimos estruturados em moratória não deixam de apresentar um nível elevado de risco de incumprimento (Banco de Portugal, 2021).

Ao contrário do que sucedeu durante a crise do Euro, atualmente o sistema bancário não enfrenta um problema de liquidez. Os bancos portugueses apresentam bons rácios de crédito relativamente aos seus depósitos e dispõem de financiamento facilitado junto do Banco Central Europeu. Contudo, a solvabilidade dos bancos portugueses pode estar comprometida se os empréstimos vencidos crescerem de forma desproporcionada. Acresce a este risco o que resulta dos empréstimos a empresas com garantias públicas, já que em 2020 foram concedidos créditos garantidos pelo Estado a 61 mil empresas, no valor de 8,9 mil milhões de euros. Ainda que este crédito beneficie de maturidades que podem chegar a seis anos e disponha de garantias públicas que equivalem a perto de 80% do seu valor, eventuais perdas para os bancos e para o Estado também devem ser consideradas, sobretudo num cenário de retirada abrupta das medidas de apoio (Frade *et al.*, 2021).

Na ausência de um mecanismo temporário para apoiar as empresas e famílias que continuem a apresentar dificuldades em retomar o pagamento das prestações bancárias, o desfecho dependerá ainda da atitude das instituições financeiras relativamente à renegociação das condições do crédito. Assim, permanece a incógnita sobre se se voltará a adotar opções passadas, como a venda das carteiras de imóveis a fundos imobiliários.

Importa ainda sublinhar que a situação em que nos encontramos é muito diferente daquela vivida há uma década. Se, por um lado, a retoma será lenta devido à dependência da economia em relação ao sector do turismo, por outro a crise habitacional não cessou de se aprofundar. Isto é, se no passado a perda do alojamento familiar por incumprimento do pagamento do crédito bancário podia ser compensada por um novo arrendamento, esta opção está hoje seriamente comprometida. À dificuldade sentida pelas famílias para pagar a prestação bancária acresce a dificuldade em garantir o pagamento da renda de casa, tornando evidente a relação cada vez mais imbricada entre crises financeiras e crises habitacionais, devido à presença crescente da finança no imobiliário.

Apesar de um abrandamento e de alguma oscilação na evolução dos preços da habitação, a tendência continua a ser ascendente. Nos últimos dois anos – entre o segundo trimestre de 2019 e o segundo trimestre de 2021 – o valor mediano por m^2 das vendas de alojamentos familiares cresceu no território nacional em 16,9%, registando a AML uma taxa de crescimento particularmente elevada (21,3%). No seio da própria AML, a evolução dos preços é muito desigual: sustentando a nossa hipótese de intensificação do movimento do centro para os municípios mais periféricos, constata-se que, entre os concelhos da AML com mais de 100 mil habitantes (para os quais há dados disponíveis), o crescimento do valor mediano das vendas foi mais acentuado nos municípios do Seixal (34,0%) e de Setúbal (27,3%), tendo Lisboa um valor significativamente mais baixo (7,6%).[19]

---

[19] Cálculos próprios a partir de dados disponíveis em: https://www.ine.pt/xportal/xmain?xpid=INE&xpgid=ine_destaques&DESTAQUESdest_boui=472940224&DESTAQUESmodo=2&xlang=pt (consulta a 5 de novembro de 2021).

Esta disparidade refletirá eventualmente uma maior procura por localidades que permitem o compromisso possível entre proximidade à capital e preços relativamente acessíveis. Com efeito, o valor mediano por m^2 dos alojamentos familiares em Lisboa (3497€) é mais do dobro dos demais concelhos da AML (e.g. 1497€ no Seixal, 1343€ Setúbal, sendo 1268€ no país).

De modo análogo, a renda mediana dos novos contratos de arrendamento também tem vindo a subir, tendo atingido 6,03 €/m^2 para o conjunto do país no segundo trimestre de 2021, o que representa uma variação homóloga de 11,5%, superior à observada no trimestre anterior (5,3%). Ainda que na AML (5%) a evolução do valor das rendas tenha sido inferior ao crescimento médio do país, as rendas mais elevadas registaram-se nesta região (8,82 €/m^2). Em sintonia com a evolução dos preços da habitação, entre os concelhos com mais de 100 mil habitantes a taxa de variação homóloga da renda foi mais elevada nos municípios de Setúbal (16,7%) e de Almada (11,3%), tendo até decrescido em Lisboa (-3,2%).[20] Esta disparidade sustenta a mesma hipótese de acréscimo da procura em concelhos de maior proximidade à capital, com rendas relativamente acessíveis, dado que a renda mediana por m^2 dos novos contratos de arrendamento é significativamente superior em Lisboa (11,12€) face aos demais concelhos (e.g. 6,67 €/m^2 Setúbal, sendo 5,82 €/m^2 no país).

O investimento especulativo no imobiliário continua, e começam a vislumbrar-se novos desenvolvimentos. A pandemia reforçou o recurso ao teletrabalho, estimulando a procura por imóveis localizados fora dos grandes centros urbanos, de maior dimensão e com espaços exteriores, que permitam conciliar trabalho e lazer no mesmo local. Surge um novo modelo de investimento no imobiliário, tanto de moradias de grande dimensão, como

---

20 Dados disponíveis em: https://www.ine.pt/xportal/xmain?xpid=INE&xpgid=ine_destaques&DESTAQUESdest_boui=473079188&DESTAQUEStema=55534&DESTAQUESmodo=2 (consulta a 5 de novembro de 2021).

de imóveis que se destinam a empreendimentos turísticos. Entre abril de 2020 e abril de 2021, as moradias representaram 37% do total das aquisições feitas no país (Imobiliário Público, 2021). Em 2020, também já tinham sido notórios alguns ajustamentos no sector turístico, direcionados a algumas regiões do interior com menor densidade populacional, que se tornaram mais atrativas para os residentes à procura de locais isolados, tanto nos períodos de férias, como nos períodos de trabalho remoto (Costa, 2021). Assim, perspetivam-se dois movimentos paralelos, mas que se reforçam mutuamente: um de continuidade, acentuando a trajetória de *metropolitanização*, sobretudo na AML, ditando clivagens socioespaciais entre o centro urbano e as periferias; e uma nova trajetória de financeirização, dirigida aos territórios de menor densidade populacional, mas que se destina igualmente aos segmentos superiores do mercado imobiliário.

6. Conclusão

A crise pandémica expôs os limites de um modelo de desenvolvimento assente nos sectores do turismo e do imobiliário. Embora a economia portuguesa tenha sido, como se referiu, uma das mais afetadas a nível internacional, a resposta pública foi muito tímida. Apesar disso, os efeitos nefastos sobre as empresas e famílias foram relativamente contidos. Este facto deve-se, em boa medida, à adesão massiva a moratórias e garantias de crédito, que permitiram sustentar o consumo das famílias e a sobrevivência das empresas, protegendo simultaneamente o sector bancário.

Com o fim destas medidas em setembro de 2021, aposta-se no Plano de Recuperação e Resiliência (PRR), financiado pela União Europeia. Com um investimento total que ascende a 16,6 mil milhões de euros, 84% do qual corresponde a subvenções, o PRR permitirá aumentar a despesa pública sem prejudicar significativamente o equilíbrio orçamental (Ministério do Planeamento, 2021). Porém, o investimento total previsto corresponde a 7,8%

do PIB de 2019, o que é inferior à sua queda em 2020 (de -8,4%) e que deverá distribuir-se por um prazo de 5 anos, até 2026. Estes valores mostram bem a insuficiência deste montante perante as necessidades de financiamento de uma economia endividada.

Estes limites também estão presentes na componente do Plano dedicada à habitação. Fazendo o diagnóstico de «desadequação entre os rendimentos das famílias da classe média e a oferta existente, acentuada pela liberalização do mercado de arrendamento levada a cabo em 2012 e pela intensificação dos impactos das dinâmicas do turismo na habitação» (Ministério do Planeamento, 2021, p. 92), o investimento não deixa de ser escasso. Embora o governo se prepare para o maior programa de investimento público em habitação, com um valor total estimado de 2,7 mil milhões de euros, ele destina-se às situações de maior carência social, não devendo ter grande impacto no funcionamento dos mercados de habitação e de arrendamento.

Apesar dos riscos de estagnação de determinados sectores da economia portuguesa, o modelo de desenvolvimento financeirizado prossegue. Ainda que o investimento imobiliário tenha abrandado ligeiramente nas suas diversas componentes, a procura internacional continua. A manutenção da política monetária expansionista do BCE garante liquidez e taxas de juro baixas, essenciais para o investimento imobiliário. À escala nacional, o compromisso assumido com a redução do défice público em contexto de recuperação económica favorece o nexo finança-imobiliário, que se expande para territórios que a crise pandémica tornou mais apelativos. A AML continuará a ser o palco privilegiado destas transformações, concentrando o investimento no segmento superior do mercado imobiliário nos municípios mais centrais, designadamente na capital do país, estimulando a deslocação das classes intermédias e baixas para os municípios periféricos e vincando ainda mais a segregação socioespacial na região. A possibilidade de contrariar estas tendências dependerá da capacidade de mobilização em torno de um modelo de desenvolvimento alternativo, que não dependa do nexo finança-imobiliário.

Referências

Banco de Portugal (2021). *Relatório de Estabilidade Financeira*, junho de 2021. Lisboa: Banco de Portugal. Disponível em: https://www.bportugal.pt/publications/banco-de-portugal/all/120 (consulta a 8 de novembro de 2021).

Brown, A., Spencer, D. A. & Passarella, M. V. (2017). «The extent and variegation of financialisation in Europe: A preliminary analysis», *Revista de Economía Mundial*, 46, pp. 49-70.

CAAJ (2017). *Folheto estatístico. Administradores Judiciais.* Disponível em: https://caaj.justica.gov.pt/Portals/27/Ficheiros/AJ/Info%20Estatistica/Folheto-Estat%C3%ADstico-2016_vf.pdf?ver=2019-01-07-115624-733 (consulta a 8 de novembro de 2021).

Costa, C. (2021), *The impact of the COVID-19 outbreak on the tourism and travel sectors in Portugal.* Draft Final Report, Fevereiro de 2021. Directorate-General Regional and Urban Policy. Disponível em: ccosta_for_ec.covid-19.report_txt.final_.pdf (portugal2020.pt) (consulta a 10 de outubro de 2021).

Fernandez, R., Hofman, A., Aalbers, M. B. (2016). «London and New York as a safe deposit box for the transnational wealth elite», *Environment and Planning A*, 48 (12), pp. 2443-2461.

Frade, C., Santos, A.C., Teles, N. (2021). «A moratória de crédito a empresas e famílias: alívio presente, riscos financeiros futuros», *Barómetro das Crises*, n.º 23. Lisboa: Observatório sobre Crises e Alternativas. Disponível em: https://www.ces.uc.pt/observatorios/crisalt/documentos/barometro/23BarometroCrises_A_moratoria_de_credito_a_empresas_e_familias_16062021final.pdf (consulta a 10 de outubro de 2021).

Gunnella, V., Krustev, G., Schuler, T. (2020). «Developments in the tourism sector during the COVID-19 pandemic», *ECB Economic Bulletin*, Issue 8/2020. Disponível em: Developments in the tourism sector during the COVID-19 pandemic (europa.eu) (consulta a 10 de outubro de 2021).

INE (2019). *Estatísticas de Preços da Habitação ao nível local*, 4.º trimestre de 2018. Disponível em: https://www.ine.pt/xportal/xmain?xpid=INE&xpgid=ine_destaques&DESTAQUESdest_boui=315156504&DESTAQUESmodo=2 (consulta a 10 de outubro de 2021).

Imobiliário Público (2021). «Procura por moradias de grande dimensão aumenta», *Público*, Suplemento comercial, 13 de outubro de 2021. Disponível em: https://imobiliario.publico.pt/noticias/procura-moradias-grande-dimensao-aumenta/ (consulta a 5 de novembro de 2021).

JLL (2020). *360º Portugal Real Estate Market*. Disponível em: https://www.jll.pt/pt/estudos-e-tendencias/estudos-de-mercado/jll-market-360-2019 (consulta a 8 de novembro de 2021).

Kaltenbrunner, A., e Painceira, J. P. (2018). «Subordinated financial integration and financialisation in emerging capitalist economies: The Brazilian experience», *New Political Economy*, 23(3), pp. 290-313.

Mendes, L., Carmo, A., e Malheiros, J. (2019). «Gentrificação transnacional, novas procuras globais e financeirização do mercado de habitação em Lisboa», A. C. Santos (org.), *A Nova Questão da Habitação em Portugal: Uma Abordagem de Economia Política*. Coimbra: Actual, pp. 111-142.

Ministério do Planeamento (2021). *PRR – Recuperar Portugal, Construindo o Futuro*. Lisboa: Ministério do Planeamento. Disponível em: https://www.portugal.gov.pt/download-ficheiros/ficheiro.aspx?v=%3d%3dBQAAAB%2bLCAAAAAAABAAzNDQzNgYA62SpeQUAAAA%3d (consulta a 8 de novembro de 2021).

OECD (2020). *OECD Tourism Trends and Policies 2020*, OECD Publishing, Paris, https://doi.org/10.1787/6b47b985-en (consulta a 8 de outubro de 2021).

Reis, J. (2019). «O território ainda existe? Sistemas de provisão de habitação e o desperdício do país», Santos, A. C. (org.), *A nova questão da habitação em Portugal: Uma abordagem de economia política*. Coimbra: Actual, pp. 53-86.

Reis, J. (2021). «Portugal as a European periphery: imbalances, dependency and trajectories», Santos, A. C. e Teles, N. (orgs.), *Financialisation in the European Periphery: Work and Social Reproduction in Portugal*. Londres: Routledge, pp. 50-63.

Ribeiro, R., e Santos, A. C. (2019). «Financeirização da habitação e desigualdades socioterritoriais: um estudo comparado das Áreas Metropolitanas de Lisboa e do Porto», *Análise Social*, 233, LIV (4.º), pp. 726-758.

Rodrigues, J., Santos, A. C., e Teles, N. (2016a). *A Financeirização do Capitalismo em Portugal*, Coimbra: Actual.

Rodrigues, J., Santos, A. C., Teles, N. (2016b). «Semi-peripheral financialisation: The case of Portugal», *Review of International Political Economy*, 23 (3), pp. 480-510.

Santos, A. C. (2019). «Habitação em tempos financeiros em Portugal», Santos, A. C. (org.), *A Nova Questão da Habitação em Portugal: Uma Abordagem de Economia Política*. Coimbra: Actual, pp. 15-52.

Santos, A. C., e Teles, N. (2021). «The case for semi-peripheral financialisation: Conclusion», Santos, A. C. Teles, N. (orgs.), *Financialisation in the European Periphery: Work and Social Reproduction in Portugal*. Londres: Routledge, pp. 242-54.

Schuler, T. (2020). «Impact of the COVID-19 lockdown on trade in travel services», *ECB Economic Bulletin*, 4/2020. Disponível em: Impact of the COVID-19 lockdown on trade in travel services (europa.eu) (consulta a 10 de outubro de 2021).

Teles, N. (2018). «The Portuguese Illusion», *Jacobin*. Disponível em: https://jacobinmag.com/2018/07/portugal-left-bloc-eurozone-austerity-eu (consulta a 8 de novembro de 2021).

Teles, N., Caldas, J. C., e Martins, D. (2021). «Financialisation, labour and structural change: The case of the Portuguese internal devaluation», Santos, A. C., e Teles, N. (orgs.), *Financialisation in the European Periphery: Work and Social Reproduction in Portugal*. Londres: Routledge, pp. 127-162.

CAPÍTULO 5

Movimentos sociais urbanos em tempos de crise[1]

SIMONE TULUMELLO
Instituto de Ciências Sociais da Universidade de Lisboa

LUÍS MENDES
Centro de Estudos Geográficos, Instituto de Geografia e Ordenamento do Território da Universidade de Lisboa

Da crise presente à trajetória recente: introdução

Críticos, reformadores e ativistas têm evocado o termo «crise habitacional» há mais de um século. A expressão tornou-se de novo omnipresente após o colapso financeiro global de 2008. Mas devemos ser cuidadosos na utilização do conceito de crise.

A ideia de crise implica que a habitação inadequada ou inacessível é uma situação fora do normal, um afastamento temporário de um critério que funciona bem. Para as classes trabalhadoras e as

[1] Este capítulo resulta do trabalho de investigação e reflexões conjuntas no contexto do projeto «HOPES – HOusing PErspectives and Struggles. Futures of housing movements, policies and dynamics in Lisbon and beyond», financiado pela FCT (PTDC/GES-URB/28826/2017).

> comunidades pobres, no entanto, a crise habitacional é o normal. A falta de habitação tem sido a marca dos grupos dominados ao longo da história (Madden e Marcuse 2016, 9; tradução nossa).

Finalizámos este capítulo, durante o mês de outubro de 2021, numa conjuntura bastante peculiar. Por um lado, Portugal, com as suas taxas de vacinação entre as mais altas do mundo, já praticamente eliminou todas as medidas restritivas adotadas durante os períodos da emergência pandémica. Há uma perceção difusa – embora não necessariamente exata – de que a pior fase da pandemia de covid-19 poderá já ter passado, pelo menos nos países do «Norte Global». Por outro lado, a seguir a um segundo verão caracterizado por enormes problemas no sector turístico, há a sensação de que os verdadeiros impactos socioeconómicos da pandemia estão por vir, dado o crescente domínio em Portugal de um modelo de economia dependente das dinâmicas do turismo, do imobiliário e da construção, resultante do tipo de recuperação económica adotado no pós-crise capitalista 2008-2009, com uma forte componente de investimento estrangeiro proveniente de fluxos internacionais de capital (Santos e Reis, 2018). Em certo sentido, escrevemos num momento «entre crises».

Daí abrirmos este capítulo com uma citação de *In defense of housing. The politics of crisis*, de David Madden e Peter Marcuse (2016), pela forma como essa citação nos ajuda a pensar em tempos de – ou entre – crises. O que Madden e Marcuse argumentam no domínio da habitação – a natureza permanente da «crise» para certos grupos e classes –, caracteriza muitas outras dimensões do «direito à cidade», nas suas duas vertentes (Lefebvre, 1968). O direito à cidade é, por um lado, o acesso a bens, funções, serviços e direitos providenciados pelo urbano – que está em crise de forma permanente e estrutural ao longo da história para certos grupos e classes. Por outro lado, o direito à cidade é também a possibilidade de apropriação e participação no processo de decisão sobre esses bens, serviços e direitos, abrindo o conceito do urbano às dimensões da imaginação e da utopia, na busca de que uma outra cidade é possível. A crise permanente do direito à cidade, em resultado das sucessivas contradições da produção capitalista do espaço urbano, é o campo privilegiado que define os «movimentos» – sociais e urbanos – que tal direito defendem. Incidentalmente, há ainda uma outra razão para começar este capítulo com referência a um livro sobre habitação, nomeadamente a convicção de que tenha sido no campo da habitação – *lato sensu* – que se iniciou a consolidação recente dos movimentos sociais urbanos em Portugal e, em particular, em Lisboa.

Ao observar o campo definido pelos movimentos sociais urbanos na capital, a última década é caracterizada pela «persistência» da crise ou, mais precisamente, pelo acumular de uma série sucessiva de nexos entre crises, políticas e respostas sociopolíticas:

- Primeiro, a eclosão da crise financeira e económica e as políticas de austeridade tomadas em resposta a esta – anos caracterizados pela súbita emergência, e subsequente apaziguamento, dos protestos anti-troika (2011-2013, grosso modo);
- Segundo, a crise urbana produzida por uma recuperação económica centrada na financeirização do imobiliário e na turistificação dos centros urbanos, gerando especulação, gentrificação e segregação residencial – crise acompanhada pelo crescimento dos movimentos de luta pela habitação e pelo direito à cidade, e finalmente por novas políticas de habitação (2014-2019);
- E, terceiro, a crise pandémica, as políticas de confinamento e as novas formas que os movimentos urbanos têm encontrado para continuar as suas lutas (2020-2021).

Esta é, a nosso ver, uma trajetória de consolidação dos movimentos sociais urbanos, que passam das dinâmicas explosivas do período da austeridade para um certo recuo, sim, quantitativo, mas também para uma progressiva tomada de consciência, diferenciação, ressignificação e afinamento de táticas, e para a emergência – mesmo que ainda frágil – de pensamento estratégico e de reflexividade. É esta trajetória de consolidação, com as suas contradições e recuos, que descrevemos neste capítulo, a partir de uma perspetiva longitudinal que redescubra as suas genealogias nos protestos anticrise/anti-austeridade e na sua diversificação em tempos de crescimento desigual.

Nas próximas páginas, e baseados numa série de textos que publicámos recentemente (Mendes, 2018; 2020a; Tulumello, 2019; Accornero *et al.*, 2020), reconstruímos esta trajetória em quatros momentos. Começamos, primeiro, com uma rápida revisão dos movimentos anticrise e anti-austeridade, da sua pujança, mas também da sua dificuldade em se enraizar no tecido urbano enquanto movimentos pelo direito à cidade (diferentemente dos casos espanhol e grego). Segundo, passamos à emergência, diferenciação e consolidação dos movimentos sociais urbanos – no campo da habitação, da ação climática e em relação a projetos urbanos específicos – nos anos da recuperação económica, que analisaremos com referência a um quadro concetual focalizado na diferenciação e interligação de táticas e estratégias. Terceiro, com base no mesmo quadro concetual, consideramos o impacto que a crise pandémica e as políticas adotadas em resposta a ela tiveram na reformulação dos movimentos sociais urbanos. Finalmente, quarto, refletimos sobre as tensões – emergentes e de longo prazo – nos movimentos sociais urbanos de Lisboa, bem como nas dimensões mais estruturais da crise urbana «pós-pandémica» que se anuncia. Em conclusão, inspirados pelas reflexões sobre «crises longas» e sobre a crise como instrumento discursivo (Mbembe e Roitman, 1995; Roitman, 2014; Prozorov, 2020), mas também nos argumentos sobre o fim do ciclo recente de acumulação capitalista (Harvey, 1989; Arrighi, 1994; 2007), consideramos o significado de longo termo desta sucessão de «crises» e respostas. Podemos, afinal, falar de «movimentos em tempos de crises», ou deveríamos refletir sobre «movimentos e/na crise»?

Anticrise e anti-austeridade: uma vaga intensa e de curta duração?

Desde os finais da primeira década do século XXI, assistiu-se a uma nova vaga internacional de mobilizações, que revela uma crise de legitimidade dos agentes políticos, um descontentamento generalizado com as respostas à crise económica e uma contestação dos processos de precarização laboral. Em Portugal, esse ciclo de ação coletiva teve o seu acontecimento fundacional a 12 de março de 2011, quando mais de 200 mil pessoas tomaram as ruas de Lisboa para contestar as políticas de austeridade com que o governo socialista da altura estava a responder à crise económica e financeira. Lançado por uma página no Facebook e por um blogue intitulados *Geração à Rasca*, o 12 de março foi provavelmente o maior protesto de rua depois do período revolucionário de 1974/1975 (Baumgarten, 2013). Mas esse recorde não iria manter-se durante muito tempo: nos meses seguintes, caracterizados pela mudança de governo e pela continuação e aprofundamento das políticas de austeridade no quadro do resgate financeiro pela Troika (composta pelo Fundo Monetário Internacional, pela Comissão Europeia e pelo Banco Central Europeu), assistiu-se a uma crescente mobilização. Um ano e meio depois, a 15 de setembro de 2012, convocadas pela plataforma *Que se Lixe a Troika*, meio milhão de pessoas desfilaram em Lisboa, e mais meio milhão no resto do país. O 15 de setembro foi o pique da mobilização anti-austeridade em Portugal, seguido, nos meses e anos seguintes, pela progressiva redução da intensidade e visibilidade das ações (Accornero e Pinto, 2015, 494).

O ciclo de movimentos anticrise e anti-austeridade português foi tão explosivo quanto – pelo menos aparentemente – delimitado no tempo: menos de dois anos, entre 2011 e 2012. Há, contudo, quatro dimensões que vale a pena considerar, pelas raízes que lançaram, sobre as quais cresceram os movimentos urbanos dos anos seguintes.

Primeiro, o ciclo de protestos foi caracterizado pela centralidade de «novos» atores, que, sob inspiração de movimentos internacionais como a Primavera Árabe e os movimentos espanhóis anti-austeridade, adotaram importantes inovações qualitativas, como a utilização de meios informáticos. Os meios da Internet e das suas redes representaram um peso expressivo enquanto formas de difusão, cativação e mobilização dos movimentos coletivos, valorizando aspetos da cultura audiovisual e das novas tecnologias de informação, pois são instrumentos que se coadunam com formas tendencialmente horizontais de organização. As suas principais características parecem remeter para os novos movimentos sociais que vêm surgindo nas sociedades ocidentais a partir dos anos 80, e que se caracterizam por uma natureza heterogénea nas suas motivações, características e modalidades; pelo carácter localizado, disperso e efémero; pelo radicalismo e espetacularidade das ações; e pela ausência de ideologias programáticas. A isto se juntam o esbatimento dos conflitos de base classista (sobretudo o operário); a fragmentação e a precarização da relação salarial e da situação perante o trabalho; a massificação e simultânea individualização dos consumos e dos estilos de vida; a atomização e fragmentação dos comportamentos quotidianos; a ausência de partilha de problemas/projetos coletivos e o consequente desvanecimento da identidade coletiva (Estanque, 1999; Miller, 2000; Soeiro, 2014).

Segundo, pesem embora estes novos atores e táticas, há ao mesmo tempo dimensões que apontam para uma maior complexidade. Através de uma análise sistemática das mobilizações entre 2010-2013, Accornero e Pinto (2015) demonstraram que os grandes protestos acima mencionados foram apenas uma peça de uma mobilização mais profunda, feita de greves e eventos pontuais, e que além disso tal ciclo continuou a estar muito assente no papel tanto organizacional como estratégico dos atores «institucionais», ou seja, primariamente sindicatos e partidos. A coexistência e colaboração entre «novos» atores e atores mais institucionais, e entre protestos de rua e greves, demonstra alguma articulação com instâncias mais «tradicionais», por assim dizer, inclusive a importância das componentes de classe, especialmente visíveis nas vertentes do trabalho e da habitação.

Terceiro, não obstante algumas tentativas realizadas entre 2011 e 2012 para ocupar espaços públicos e fazer acampadas na praça do Rossio e no Parque Eduardo VII,[2] o movimento não conseguiu enraizar-se no tecido urbano, o que levou a que, terminado o ciclo de mobilizações, parecesse ter-se voltado a uma fase de ausência de conflito (2013-2014, grosso modo). Essa última é uma diferença muito significativa em relação a dois casos bem conhecidos na literatura, o grego e espanhol. Nesses países, as práticas comunitárias e de bairro que emergiram das mobilizações anti-austeridade tornaram-se no espaço de crescimento de atores que serão, nos anos seguintes, centrais na política urbana, como a Plataforma de Afectados por la Hipoteca (PAH) em Espanha e a plataforma Αλληλεγγύη για Όλους (Solidariedade para Todos) na Grécia (ver Arampatzi, 2017; Andrés e Smith, 2019).

Quarto, emergiram, contudo, do ciclo de protestos portugueses uma série de atores – tanto ativistas individuais quanto coletividades (por exemplo, o RDA69) – cujo papel será central nos anos subsequentes.

Emergência e consolidação nos anos de crescimento económico

Se nos casos espanhol e grego há uma clara continuidade entre os protestos de massa nos anos da austeridade e a mobilização de atores e práticas sustentadas de ativismo e conflito de cariz urbano, em Portugal e em Lisboa, em particular, o progressivo apaziguamento da mobilização anti-austeridade levou a uma diferente estruturação

---

[2] Tal como em Espanha, no Rossio, em Lisboa, cerca de 400 pessoas acamparam em plena praça pública, em protesto contra a classe política e a narrativa TINA da austeridade. A dormitar na praça estavam também umas dezenas, mas nas assembleias populares ao final da tarde juntavam-se diariamente centenas de pessoas, onde os manifestantes se reuniam em grupos de trabalho para discutir propostas e definir os planos para o dia seguinte.

do plano político. 2015 é um ano decisivo: por um lado, parece iniciar-se a recuperação do crescimento económico e começam a surgir evidências do cariz eminentemente urbano da nova fase de acumulação; por outro, as eleições levam ao acordo de maioria entre Partido Socialista (PS), Bloco de Esquerda (BE) e Partido Comunista Português (PCP) (também designado na opinião pública por «Geringonça») em suporte de um governo socialista. A centralidade do imobiliário, da construção e do turismo urbano no crescimento económico dos anos seguintes desencadeou uma série de efeitos, especialmente no sector da habitação, com a explosão de preços de venda e aquisição de casa própria bem como dos valores de arrendamento e, consequentemente, o aumento dos despejos e o agudizar da vulnerabilidade habitacional. Uma intensa vaga de gentrificação, turistificação, especulação imobiliária e financeirização da habitação agravou de forma intensa as desigualdades socioterritoriais inerentes ao mercado de habitação e aprofundou a segregação residencial e a fragmentação e injustiça socioespacial (Mendes, 2017; Cocola Gant e Gago, 2019; Santos, 2019; Tulumello e Allegretti, 2021; ver também o capítulo de Ana Drago neste mesmo volume), produzindo o caldo social de que resultará uma nova fase de mobilização e ativismo. Ao mesmo tempo, a participação do BE e do PCP na Geringonça leva a uma transformação do conflito político «tradicional» – seja no parlamento, onde os partidos de esquerda têm de continuamente negociar com o PS, seja no mundo sindical, e especialmente na maior confederação do país, a CGTP, muito próxima ao PCP (Carmo e Barata, 2019; Lopes, 2019).

Embora não haja ainda estudos específicos, é fácil imaginar que esta situação tenha tido um papel no crescimento e progressiva autonomização de muitos atores no campo das lutas urbanas, a começar com a problemática da habitação, onde a Associação Habita, que existe como coletivo desde 2005, se torna em 2016 e 2017 o grupo mais visível, enquanto emergem outros grupos e plataformas com cariz e objetivos diferentes – especialmente a plataforma Morar em Lisboa (MeL, criada em 2016), que visa influenciar as políticas públicas através do diálogo com atores institucionais, e o coletivo

Stop Despejos (nascido como plataforma em 2017 e progressivamente estabilizado como movimento), de cariz mais conflitual. 2017 é um ano fulcral para os movimentos da habitação: é publicado o relatório sobre a situação da habitação em Portugal da Relatora Especial da ONU para a Habitação Adequada, redigido depois da sua visita ao país, que apresenta um quadro muito expressivo da crise habitacional (Farha, 2017); e é organizada a Caravana pelo Direito à Habitação, que atravessa todo o país para dar visibilidade aos problemas da habitação e criar pontes entre diferentes lutas (ver Falanga *et al.*, 2019). Isto pressionou a agenda mediática, política e da opinião pública, o que em última instância levou o governo a assumir a existência de problemas habitacionais que requerem novas políticas públicas, criando uma Secretaria de Estado para a Habitação, bem como a promulgação da Nova Geração de Políticas de Habitação e a Lei de Bases da Habitação. No entanto, as políticas adotadas não conseguiram resolver as contradições do modelo especulativo que levou à crise habitacional: a Nova Geração de Políticas de Habitação, embora inclua importantes medidas de resolução das mais graves carências habitacionais, continua assente em instrumentos e abordagens financeirizados (Mendes, 2020b), enquanto a Lei de Bases ficou muito aquém do esperado em relação à proteção concreta do direito à habitação (Tulumello e Silva, 2019).

Neste contexto, começam a emergir dinâmicas mais robustas também noutros domínios (ver Seixas e Guterres, 2018; Almeida, 2020; Rego e Borges, 2021). Podemos mencionar, primeiro, a consolidação de uma rede de espaços comunitários e de coletividades na área da Avenida Almirante Reis/Intendente/Anjos em Lisboa, que se constituem como lugares de organização de muitos dos grupos ativistas aqui mencionados; segundo, a emergência de movimentos de bairro, nascidos em resposta a projetos de redesenvolvimento urbano;[3] terceiro, a emergência de movimentos sobre

[3] Por exemplo, os grupos Vizinhos do Areeiro e Vizinhos de Arroios, ou o Movimento Jardim Martim Moniz e o Movimento Stop Torre 60m Portugália.

o clima, como o grupo Climáximo e a Greve Climática Estudantil, que levaram «à cidade» instâncias tradicionalmente mais presentes noutras regiões de Portugal, interessadas por projetos de exploração de hidrocarbonetos, entre outros.

O que caracteriza o processo de expansão e consolidação desta variedade de movimentos sociais urbanos é a sua diversidade, mas ao mesmo tempo uma certa capacidade de ação complementar (Tulumello, 2019). Sem poder entrar em análises específicas da ação dos vários grupos, é útil atualizar e expandir para além do domínio da habitação o esquema que propusemos recentemente (idem; ver também Mendes, 2018), onde apontamos a diferenciação e interligação de outros tipos de táticas/estratégias:

Primeiro, uma presença crescente de *ações de tipo conflitual*, inclusive de desobediência civil. No campo da habitação, a Habita tinha já desde há alguns anos recorrido à ocupação simbólica de lugares institucionais, tais como ministérios e câmara municipais, mobilizando para estas intervenções os próprios visados de ações de demolição ou despejo. Stop Despejos nasceu precisamente com o objetivo de pôr em prática, além de campanhas de comunicação e reivindicação, táticas concretas para impedir despejos, inclusive em apoio a ocupações (ver abaixo).[4] Ações conflituais foram igualmente adotadas pelo movimento climático, com ocupações de espaço público e ações de desobediência civil[5] – estas últimas, durante o ciclo 2015-2019, sobretudo em contextos não urbanos. Todas estas ações têm um forte impacto mediático, pois assumem um carácter simbólico e contranormativo, colocando em xeque a imagem pública das instituições e das autoridades públicas. Para além disso, estas intervenções curto-circuitam os espaços-tempos de ação burocrática daquelas instituições, deslocando os problemas das «periferias» para os «centros» de poder, exigindo uma resolução célere de casos em que a habitação, enquanto direito humano básico, não é, de todo, garantida.

---

[4] Ver https://stopdespejos.wordpress.com/portfolio/.

[5] Ver https://www.climaximo.pt/category/acoes/acoes-diretas/ e https://xrportugal.pt/.

Segundo, uma crescente utilização e visibilização de *ocupações, de cariz habitacional ou sociocultural*, fenómeno que já não era visível desde o PREC (Rodrigues, 1984). Por um lado, assistiu-se à politização de ocupações de habitações públicas devolutas, em muitas situações protagonizadas por mulheres com filhos (Hernandez, 2021), sublinhando o carácter de género das lutas. Trata-se de um fenómeno longamente presente, mas historicamente caracterizado por existir de forma silenciosa e sub-reptícia. As mães-ocupas realçam a fragilidade estrutural da sua condição enquanto procura insolvente que não encontra resposta no mercado de habitação formal, mas também o facto de lhes não serem dadas alternativas por parte das instituições responsáveis. Desde 2017 construíram-se redes de suporte mútuo e luta política pela regularização das ocupações com o suporte de grupos ativistas, complementadas com ações que procuram potenciar a auto-organização e a consciencialização das pessoas e a formação de mais ativistas (ver, por exemplo, Cristino, 2018). Por outro lado, houve um regresso, depois de longa ausência, de ocupações de cariz sociocultural. O caso mais conhecido durante esse período foi a ocupação de um edifício camarário abandonado na freguesia de Arroios, dinamizado pelo grupo AOLX, Assembleia de Ocupação de Lisboa.[6] A 15 de setembro de 2017, dezenas de pessoas entravam pela porta do número 69 da Rua Marques da Silva, que se encontrava devoluto e abandonado há mais de dois anos, reivindicando-o para quem o quisesse reabilitar. A ocupação do número 69 foi um ato político e simbólico materializado na faixa que se estendia na fachada do prédio, onde se podia ler: «A cidade é de quem a ocupa.» O prédio, visivelmente degradado, foi ocupado durante quatro meses e alvo de obras de restauro realizadas pelos ocupas. A ocupação terminou a 30 de janeiro, quando, sob ordens do então vereador do Planeamento, Urbanismo, Património e Obras Municipais de Lisboa, Manuel Salgado, os ocupas foram despejados, e a porta de entrada emparedada com

---

[6] Ver www.facebook.com/assembleiadeocupacaodelisboa/.

cimento e tijolo. Atualmente, nada se lê na fachada do prédio, que continua abandonado (ver Ribeiro *et al.*, 2018). O despejo promovido pela Câmara Municipal – que alegava riscos de segurança por causa do início das obras do parque do Caracol da Penha – tornou-se num momento simbolicamente significativo (como veremos na próxima secção).

Terceiro, alguns grupos têm trabalhado pela *construção de pontes com a academia*, o que poderá relacionar-se com a presença, em especial, de investigadores/as nos movimentos antirracista e da habitação, e de estudantes no movimento climático, conciliando trabalho científico e voluntariado ativista, num intercâmbio frutífero entre teoria e prática, reflexão e prática, investigação e ação. Também neste caso, a habitação é o exemplo paradigmático: a Habita, por exemplo, participou em vários projetos académicos, seja em parcerias de investigação-ação,[7] seja enquanto instituição participante;[8] e vários ativistas (também académicos), inclusive da Habita e do MeL, participaram no lançamento da Rede Nacional de Estudos sobre Habitação (Rede H), criada logo antes do eclodir da pandemia.[9] O MeL também, por exemplo, tem recebido vários estagiários em mobilidade internacional, sobretudo da Itália e dos EUA, acolhendo-os no meio lisboeta com um trabalho de supervisão e formação socioprofissional no âmbito do ativismo e da cidadania participativa.

Quarto, as colaborações com a academia têm sido parte de um trabalho mais amplo que visa a *produção autónoma de dados e de conhecimento* sobre os temas de interesse. No campo da habitação, os movimentos têm desde há muito denunciado a falta de dados estatísticos atualizados e independentes sobre a evolução

---

7 No projeto FCT «HOPES: HOusing PErspectives and Struggles. Futures of housing movements, policies and dynamics in Lisbon and beyond» (PTDC/GES-URB/28826/2017; 2018-2022).

8 No projeto Marie Curie Rise 'Contested Territories' (EC H2020, No 873082). Ver www.contested-territories.net/.

9 Ver www.redehabitacao.pt/.

do mercado, pois grande parte destes dados são disponibilizados por empresas de análise imobiliária (ver Seixas *et al.*, 2019, 232 e 237). Neste contexto, a construção de pontes com a academia é parte das tentativas de produzir espaços de estudo independentes, inclusive através da promoção de ciclos de seminários e debates,[10] convidando especialistas, cidadãos e técnicos para discutir problemas e soluções. Um exemplo diferente, caracterizado pela tentativa de modificar as formas institucionais de produção de conhecimento, é constituído pelas campanhas dos movimentos antirracistas pela recolha de dados de autoidentificação étnico-racial nos censos, com o objetivo de facilitar os estudos sobre desigualdades nesse campo (ver Roldão *et al.*, 2019).

Quinto, o empenho em dar *visibilidade mediática* às lutas, com o objetivo de modificar o discurso político e de sensibilizar a opinião pública. Isto inclui intervenções de cariz artístico e performativo – como as do coletivo Left Hand Rotation, que trabalha em estreita colaboração com o Stop Despejos cujo documentário «O que vai acontecer aqui» tem circulado em muitos festivais[11] – e ações diretas de comunicação com o objetivo de expor o papel de atores financeiros e o seu impacto sobre o direito à habitação ou as alterações climáticas.[12]

---

[10] Ver os ciclos de debates organizados por MeL (https://www.youtube.com/channel/UCEM8pmCNnVl_OcURSrKZIqg) e Habita (https://habita.info/debates/) – neste último caso, existe também um acordo pela publicação de artigos resultantes dos debates no Le Monde Diplomatique – Edição Portuguesa.

[11] Disponível para streaming em https://vimeo.com/357310878.

[12] Ver a "ação matilha" de Stop Despejos com a seguradora Fidelidade, proprietária de milhares de frações arrendadas (https://stopdespejos.wordpress.com/portfolio/stop-despejos-acao-matilha-contra-a-fidelidade-7-maio-2018/) ou a Ação da Climáximo na Bank of China (https://www.climaximo.pt/2020/01/23/acao-climaximo-entra-em-agencia-do-bank-of-china-para-chamar-a-atencao-para-o-seu-papel-no-financiamento-da-industria-do-carvao/).

Sexto, têm crescido as *redes internacionais* de luta e solidariedade. Neste campo, são os movimentos feministas quem tem as tradições mais robustas, por exemplo nas experiências da Marcha Mundial das Mulheres[13], enquanto os anos 2014-2019 foram caracterizados pela expansão de redes internacionais em outros ativismos. O crescimento dos movimentos antirracistas e de afrodescendentes, por exemplo, foi acompanhado por um regresso de ideias e trabalho pan-africanistas[14]. No campo da habitação, podemos mencionar a recente participação da Habita na European Action Coalition for the Right to Housing ou da Associação dos Inquilinos Lisbonenses na International Union of Tenants (com importante grupo de pressão no Parlamento Europeu e colaboração ativa na «Parceria para a Habitação» da Agenda Urbana da UE) e na International Alliance of Inhabitants[15], esta última com encontros frequentes com a Relatoria das Nações Unidas para a Habitação Adequada. Desde o verão de 2017, o MeL iniciou um trabalho em rede com outros movimentos e associações de outras cidades afetadas pela turistificação (Barcelona, Veneza, Palma de Maiorca, entre outras), no contexto da Rede SET (Sul da Europa perante a Turistificação), e ainda pela integração, em abril 2021, na rede Stay Grounded, de forma a repensar as prioridades para o transporte aéreo e grandes equipamentos aeroportuários, favorecendo o transporte ferroviário. O desenvolvimento deste trabalho em redes internacionais promove o estabelecimento de práticas de solidariedade e cooperação transnacionais, que são indispensáveis à articulação das lutas em diversos contextos socioterritoriais, com consequências na aprendizagem coletiva e no *modus operandi* dos movimentos e coletivos, para além de claros benefícios de aprimoramento de táticas e estratégias.

---

[13] http://marchamundialdasmulheres.blogspot.com/.

[14] Ver https://www.facebook.com/events/938907486309703/?ref=newsfeed.

[15] Ver https://housingnotprofit.org/.

Sétimo, todas as formas de ação previamente identificadas – inclusive as de cariz mais conflitual – foram comummente complementadas pela construção de *diálogos e pela negociação com atores institucionais*. Por um lado, isso deve-se à natureza diversificada dos grupos existentes – por exemplo, na habitação, a Stop Despejos ocupa o lado mais conflitual do espectro, enquanto o MeL nasce com o objetivo de influenciar as políticas públicas sobre habitação[16], promovendo uma articulação entre a cidadania participativa e a democracia representativa. Atores como a Habita têm diversificado a sua atuação entre a ação direta e o diálogo com as instituições: a Habita desempenhou, por exemplo, um papel fundamental na visita de 2016 da Relatora Especial da ONU, cujo relatório (Farha, 2017) foi primordial na politização do tema da habitação e a Habita convocou, num esforço mobilizador, diferentes ativistas, coletivos, investigadores e especialistas para reunirem com a Relatora e com a sua comitiva durante a sua estadia em Portugal.

Finalmente, oitavo, há uma *articulação e complementaridade entre lutas e temas*. No contexto da crise de habitação que emerge entre 2016 e 2017, é obrigatório chamar a atenção para a existência de diferentes posicionalidades, e em particular para o risco de que a crescente visibilidade das dificuldades sentidas pelas classes médias residentes nos centros urbanos pudesse obscurecer os problemas de habitação de longo prazo nos contextos de habitação social e informal das classes mais pobres, especialmente quando estes afetam populações racializadas, afrodescendentes ou ciganas. A Caravana pelo Direito à Habitação, lançada em setembro de 2017 pela assembleia constituída por moradores (principalmente afrodescendentes) em bairros autoconstruídos, tinha como objetivo, precisamente, a criação de pontes entre lutas e entre populações diversamente afetadas, reforçando a relação entre centro e periferias, já que, apesar de diferenças de contexto e territorialidades, elas

---

[16] Ver, por exemplo, http://moraremlisboa.org/2019/09/09/reuniao-como-ministro-das-infraestruturas-e-habitacao/.

partilham uma condição comum de precariedade e exclusão social face à habitação (ver Falanga *et al.*, 2019). Ao mesmo tempo, houve tentativas de pôr em diálogo coletivos e grupos preocupados com temas diferentes. Paradigmáticas foram as duas edições do «Rock in Riot», que criaram intensos espaços de protesto e de festa, com atenção às múltiplas dimensões do direito à cidade.[17] Em março de 2018, um mês depois do despejo da casa ocupada pela AOLX, o Rock in Riot levou 2000 pessoas de diferentes tribos sociais a ocupar a Avenida Almirante Reis durante cinco horas. Seis meses mais tarde, em setembro de 2018, um conjunto alargado e muito diverso de associações e coletivos lançou a iniciativa «setembro de ação e luta pela habitação», convocando manifestações em Lisboa e no Porto.[18] Esta segunda edição do Rock in Riot foi menos mobilizadora, com meio milhar de ativistas, mas também com momentos muito simbólicos, como o da assembleia realizada numa «sala de estar» montada provisoriamente em plena Avenida da Liberdade.

Antes de passar à discussão do impacto da crise pandémica nos ativismos urbanos, é importante sublinhar que os processos de crescimento e diversificação aqui mencionados foram também acompanhados por tensões e, em certos casos, até de conflito, pois trata-se de um campo de atuação profundamente heterogéneo e não isento de contradições, mas, por isso mesmo, diversificado e complementar. O direito à habitação é caracterizado por um ecossistema complexo de relações humanas, com muitos/as ativistas que participam em vários coletivos e grupos de cariz diferente, não só do ponto de vista da origem e dos objetivos de cada um, mas também das modalidades de atuação, de relação com o poder político e do alcance e perfil das estratégias adotadas. Esta fluidez é facilitada pela existência de espaços comunitários e coletividades na área

[17] Ver a reportagem da Fumaça em https://fumaca.pt/reportagem-rock-in-riot-bater-o-pe-a-especulacao-imobiliaria/.

[18] Ver https://shifter.sapo.pt/2020/02/outra-luz-lisboa/.

da Avenida Almirante Reis (por exemplo, a Sirigaita, o Desgraça, o RDA69; ver Seixas e Guterres, 2019, 105; Rego e Borges, 2021), também designada pelos mesmos coletivos como a «Comuna de Arroios». Contudo, nem sempre as relações são fluidas. Um exemplo relevante é a carta aberta aos «novos» movimentos escrita em 2019 pelos/as ativistas do RDA69, que vale a pena citar extensamente, pois permite refletir sobre algumas das tensões do ciclo de mobilização:

> O fim da década parece repetir o seu início com o despoletar de vários movimentos sociais autónomos aos partidos e das instituições da esquerda. Nos últimos dois anos, as lutas pela habitação e as lutas relativas ao aquecimento global desenvolveram estratégias de luta tendencialmente distantes da política institucional, que, repetindo os gestos das lutas contra a austeridade de 2011 e 2012, voltaram a ocupar as ruas.
>
> Se foi com entusiasmo que participámos nestas ações, se foi com surpresa e perplexidade que as vimos protagonizadas por uma composição nova, alheia aos meandros da cena ativista, pensámos também que algumas das coisas que coletivamente se aprendeu das lutas do passado, que a consciência sobre o que é que correu mal da última vez, que o saber que se gerou dentro das manifestações contra a troika em 2012, não conseguiu fazer uma ponte capaz de chegar às lutas que agora emergem.
>
> Embora o saber produzido nesses anos não seja isento de debates internos, ele contém em si uma perspicácia e uma esperteza que apenas parcialmente se viu expresso nas lutas agora em curso. A ocupação da Almirante Reis pelo Extinction Rebellion demonstra um sentido estratégico extremamente apurado, muito superior a qualquer coisa antes proposta pelo mundo do ativismo, mas demonstra também alguma ingenuidade no que toca ao confronto com as forças repressivas do estado. Vemos as ações relativas à crise da habitação e vemos como uma e outra vez o movimento recua para a denúncia, para o lamento, para o diálogo com o poder, quando é mais

do que nunca a hora de se organizar e de apropriar o espaço metropolitano.[19]

A carta foi seguida por um debate no RDA69, que teve grande participação de representantes dos «novos» movimentos,[20] demonstrando a existência de significativas diferenças na compreensão do papel dos ativismos em termos estratégicos e de imaginação do «possível». Parece-nos especialmente relevante a questão da (des) continuidade entre o ciclo de protestos anti-austeridade e o ciclo dos anos de crescimento económico. Por um lado, é evidente que os movimentos de 2014-2019 conseguiram interagir com o poder político e até influenciá-lo: é difícil imaginar a criação, em 2021, do Grupo de Trabalho para a Prevenção e o Combate ao Racismo e à Discriminação[21] sem a pujança recente dos movimentos antirracistas; e é evidente o papel dos movimentos da habitação na construção do campo político que produziu a Nova Geração de Políticas de Habitação (2018-2019) e a Lei de Bases da Habitação (Lei 83/2019). Por outro lado, parece-nos que essa capacidade de diálogo é consequência da crescente autonomia dos movimentos em relação aos atores institucionais (sobretudo sindicatos e partidos), que ao invés tinham sido fundamentais no ciclo de protestos anti-austeridade de 2011-2013.

Outro fator que vale a pena sublinhar é o crescimento das tensões entre movimentos ativistas e forças de segurança. As maiores manifestações deste ciclo foram acompanhadas, como pudemos testemunhar pessoalmente, pela presença de um aparelho policial cada vez mais «musculado» – inclusive com a mobilização de equipas de intervenção rápida fortemente armadas, cuja presença é incompreensível até do ponto de vista da gestão da ordem em situações de protesto. Os Relatórios Anuais de Segurança Interna

---

[19] Disponível em https://situ.media/2019/10/11/clima-e-habitacao-os-novos-movimentos-sociais-e-o-legado-das-lutas-anteriores/.

[20] Ver www.facebook.com/events/762945027474685/.

[21] Ver https://dre.pt/home/-/dre/153341296/details/maximized.

anualmente incluem «anarquistas e autónomos» na análise das «ameaças globais à segurança», pese embora só com menção de ações de «propaganda e doutrinação ideológica» (Sistema de Segurança Interna, 2018, 71) – ou seja, sem que se tenha observado alguma ação violenta ou criminosa. Os relatórios de 2015, 2016 e 2017 contam com parágrafos que, embora bastante genéricos, parecem aludir aos movimentos antirracistas (que denunciaram a violência policial nos subúrbios da área metropolitana de Lisboa) e de luta pela habitação:

> Aos fatores de risco emergentes das zonas urbanas sensíveis estão associadas dinâmicas de delinquência e de criminalidade por parte dos grupos violentos residentes e comportamentos de resistência contra a autoridade do Estado, principalmente forças de segurança. Continuaram a observar-se tentativas de mobilização por parte de grupos de cariz radical, com o intuito de instrumentalizarem as populações residentes para uma ação em favor dos seus desígnios (*idem*, 72).

Finalmente, importa mencionar um fator que precede de pouco o facto pandémico: após as eleições de novembro de 2019, o Partido Socialista resulta como primeiro grupo parlamentar e decide de forma fundamentalmente unilateral concluir a experiência da «Geringonça», formando um governo de minoria. O PS passa, portanto, a negociar as medidas à esquerda ou à direita, enquanto PCP e BE voltam à oposição, talvez com mais capacidade para voltar a ocupar alguns dos espaços de conflito criados e animados pelos movimentos sociais.

É neste contexto de crescimento, heterogeneidade, diversificação, complementaridade e alguma tensão, bem como de apuração de identidade, memória, capital social e aprendizagem coletiva dos movimentos de protesto e luta urbana, que surge a pandemia.

Crise pandémica, «crise» dos movimentos sociais urbanos?

> Direito de reunião e de manifestação: podem ser impostas pelas autoridades públicas competentes, com base na posição da Autoridade de Saúde Nacional, as restrições necessárias para reduzir o risco de contágio e executar as medidas de prevenção e combate à epidemia, incluindo a limitação ou proibição de realização de reuniões ou manifestações que, pelo número de pessoas envolvidas, potenciem a transmissão do novo Coronavírus (Decreto do Presidente da República n.º 14-A/2020, art. 4, ponto e).

Em 18 de março de 2020 é declarado, através do Decreto do Presidente da República n.º 14-A/2020, o estado de emergência, em resposta à «emergência de saúde pública ocasionada pela doença covid-19 como uma pandemia internacional». O estado de emergência suspende, total ou parcialmente, vários direitos: de deslocação, de propriedade e iniciativa económica privada, direitos dos trabalhadores, de circulação internacional, liberdade de culto, direito de resistência e – o que mais interessa aqui – os direitos de reunião e de manifestação.

A pandemia de covid-19 – ou, mais precisamente, as medidas aplicadas em resposta a ela – «fecham», pelo menos simbolicamente, o anterior ciclo de movimentos urbanos ao, por um lado, subtrair-lhe a rua, a praça, o espaço público como palco de reivindicação e protesto, e, pelo outro, realinhar a realidade socioeconómica e as prioridades políticas e públicas. Ao mesmo tempo, a pandemia veio também aumentar a relevância das contradições da produção capitalista do espaço urbano, aprofundando as desigualdades no acesso aos direitos urbanos que longamente se vinham acumulando, algo que se tornou subitamente evidente com a emergência do tema da habitação e do direito à cidade – por exemplo, com as greves ao pagamento de rendas (*rent strikes*) – nas lutas dos primeiros meses pandémicos por todo o mundo

(Accornero *et al.*, 2020). Por um lado, décadas de viragem neoliberal das políticas públicas, e especialmente o período de austeridade posterior à crise de 2008-2009, deixaram a população e os territórios expostos de forma assimétrica a uma crise de saúde pública na escala do coronavírus (Harvey, 2020). Pelo outro, as desigualdades foram ulteriormente aprofundadas pela escolha política de privilegiar uma resposta centrada no núcleo doméstico e na centralidade do privado («fiquem em casa!»), sem evidências de que esta tenha sido necessariamente a mais eficaz do ponto de vista sanitário (Tulumello, 2021).

Vejamos, portanto, algumas trajetórias da reorganização dos movimentos sociais urbanos neste último ano (com base em Accornero *et. al.*, 2020; Mendes, 2020a), a começar pela *rearticulação das táticas de cariz conflitual e opositivo*, o campo mais diretamente afetado pelos estados de emergência (de março a maio de 2020 e de janeiro a abril de 2021). Numa primeiríssima fase, emergem algumas tentativas de levar o conflito para o meio virtual. Vários coletivos lançaram, para o dia 8 de abril de 2020, um *mail bombing* direto aos órgãos de soberania política, para requerer a implementação de várias medidas de apoio social e económico, tais como o rendimento social de quarentena, a suspensão de pagamentos com a casa e os serviços essenciais e o reforço do SNS.[22] Outro exemplo do mesmo mês de abril 2020 é a campanha #GalpMustFall da Climáximo, que juntou comunicação online e microprotestos no espaço público, aproveitando a possibilidade, durante o estado de emergência, de criar visibilidade com pouquíssimas pessoas, até mesmo só com uma.[23] Nas semanas seguintes, não houve mais tentativas de «digitalizar» as lutas, que progressivamente voltaram à rua.

De facto, embora com uma evidente redução de atividades no espaço público, seria errado pensar que os movimentos sociais

---

[22] Ver https://gaia.org.pt/2020/04/07/8-de-abril-mail-bombing-a-orgaos-de-soberania-ninguem-fica-para-tras/.

[23] Ver www.climaximo.pt/2020/04/24/wrap-up-galp-must-fall/.

urbanos tenham «ficado em casa». É de assinalar a reemergência do *squatting* politizado, reformulado como instrumento de resposta às necessidades de abrigo, cuidado e apoio sociais durante a crise sanitária, tendo o caso do Seara – Centro de Apoio Mútuo de Santa Bárbara, em Arroios, exposto várias contradições. Durante o primeiro confinamento, um grupo de ativistas ocupou um infantário abandonado e transformou-o num centro de apoio a pessoas em situação de vulnerabilidade social, incluindo sem-abrigo, num exemplo de solidariedade ativa, informal e desembaraçada das teias do assistencialismo institucional que recrudesceu durante os primeiros meses da pandemia. No dia 8 de junho de 2020, pelas 5h30 da manhã, uma dezena de capangas armados entraram e, desprovidos de ordem de despejo ou outros documentos legais, tentaram despejar à força as pessoas que ali se encontravam – situação especialmente duvidosa do ponto de vista legal face à suspensão de despejos decretada em março (ver abaixo e Moreira, 2020). Face a esta ilegalidade, foram os próprios ocupantes a contactar a polícia. O dia seguiu-se com a concentração de muitas dezenas de pessoas no local. Mais tarde assistiu-se a uma desproporcional intervenção da polícia que, agressivamente, arrastou as dezenas de ativistas que pacificamente se manifestavam em frente do edifício e que tentavam impedir o despejo. Tal confronto colocou em destaque mediático a clivagem entre o direito à habitação e o direito à propriedade. Outra contradição exposta foi o facto de que as forças de autoridade, ao intervirem em favor do despejo (ou pelo menos não o impedindo), ao favorecerem os interesses da finança e do imobiliário contra o cuidado e a função social da propriedade, podem até ter contribuído para um ato ilegal (Mendes, 2020c), abrindo um precedente para eventos parecidos nos meses sucessivos (ver Almeida, 2021).

Outro momento fundamental do «regresso» à rua foi o 1º de maio, nos últimos dias do estado de emergência, quando a CGTP, poucos dias depois do primeiro 25 abril democrático sem manifestação, decidiu celebrar o Dia do Trabalhador na Alameda, em Lisboa. Pesem embora as críticas vindas das direitas e de boa parte da opinião pública sobre o risco de contágios – críticas desmentidas nas semanas seguintes pela ausência de casos atribuídos à manifestação – os sindicatos consideraram crucial regressar ao espaço público, especialmente pela necessidade de voltar a pôr o trabalho no centro do debate político.[24] Um mês depois, na onda global dos protestos contra a violência policial que se seguiu ao assassínio de George Floyd por um polícia em Minneapolis (EUA), os movimentos antirracistas organizaram em Lisboa a sua maior manifestação de sempre, com milhares de pessoas a desfilar no centro da cidade (ver DN/Lusa 2020).[25] Finalmente, os movimentos climáticos continuaram as suas práticas de ocupação do espaço público ao longo do ano, por exemplo em maio de 2021, na ação de desobediência civil de massa «Em Chamas»[26].

Segundo, na área da habitação, pudemos observar também uma alteração no campo das *colaborações com a academia e da produção de conhecimento*. A própria necessidade de reduzir o volume de ação direta poderá ter dado mais espaço para aprofundar a reflexão temática e política. Por exemplo, a Habita tem aprofundado o seu trabalho de investigação, com o objetivo de criar, a médio prazo, um observatório crítico sobre habitação. Ao mesmo tempo, porém, os ciclos de debates da Habita e do MeL foram interrompidos. Queremos destacar, neste campo, o trabalho da mencionada Rede H que, embora planeada nos meses anteriores, começa as suas atividades com a pandemia. A meados de março de 2020, antes da declaração do estado de emergência, a Rede H publica uma carta aberta aos governantes e à sociedade portuguesa,[27] versando várias medidas urgentes a implementar de forma a reforçar o direito à habitação. Esta carta marca o início de um percurso de reflexão

---

[24] Ver a resolução em www.cgtp.pt/informacao/comunicacao-sindical/14044-resolucao-1-de-maio.

[25] Ver também a segunda parte de RUA, documentário de Left Hand Rotation, em https://vimeo.com/553882679.

[26] Ver www.climaximo.pt/2021/05/24/wrap-up-em-chamas/.

[27] Ver www.redehabitacao.pt/docs/carta_aberta_covid19.

e participação ativa no debate sobre habitação em Portugal, com o duplo objetivo de desenvolver a colaboração interinstitucional dentro do campo dos estudos da habitação e de potenciar a sua visibilidade fora do contexto académico e dos grupos especificamente interessadas no tema (ativistas, imobiliário, etc.).

Terceiro, nos primeiros momentos da pandemia, a articulação e *complementaridade entre os diferentes atores e coletivos* foi crucial. Uma estratégia exemplificativa, mais coletivista e de bairro, foi a formação de redes locais de apoio mútuo, destacando-se as cantinas solidárias, onde dezenas de ativistas dos coletivos mencionados agora colaboram. Este tipo de estratégia, que existia já numa rede de instituições de apoio social e centros comunitários, reforça-se em toda a cidade de Lisboa, com o aparecimento de refeitórios improvisados, mesmo muitas vezes nos espaços das associações, em especial destinados a indivíduos e famílias em situação de vulnerabilidade socioeconómica. O localismo destas redes de solidariedade e interajuda não só implica a mobilização conjunta de diversos coletivos, como também promove um modelo cooperativo de produção e de consumo que não está desligado de uma intenção política que favorece a consciencialização de classe (Mendes, 2020a).

No fim de semana anterior à promulgação do estado de emergência, a Habita e o coletivo Stop Despejos produziram um manifesto intitulado «Como se faz quarentena sem casa?», subscrito por mais de 60 associações e coletivos, incluindo todos os grupos mencionados neste capítulo.[28] Este manifesto foi um dos maiores esforços no sentido de unir grupos de espectros institucionais e de atuação muito díspares, tendo obrigado a um diálogo intenso. O manifesto deu origem a um abaixo-assinado que reuniu cerca de 3000 assinaturas em poucos dias. Paralelamente, a Associação dos Inquilinos Lisbonenses enviou diversos ofícios ao primeiro-ministro, ao governo e aos grupos parlamentares.

---

[28] Ver https://habita.info/como-se-faz-quarentena-sem-casa-medidas-fundamentais-para-contencao-e-protecao-em-tempos-de-pandemia/.

Sugeria-se que, tendo em conta a gravidade e a excecionalidade do momento, não só deveriam ser suspensos os despejos, como as rendas deveriam sofrer um corte em proporção ao corte no rendimento do inquilino, devendo o estado subsidiar o restante. Defendia-se ainda a suspensão da legislação do arrendamento no que respeita a prazos, que só deveriam começar a contar findo o período de contingência.

Quarto, a campanha teve efeito, tornando-se parte crucial da estratégia de *diálogo e negociação com os atores institucionais*. A Assembleia da República acolheu com sentido de urgência algumas das propostas feitas, e o consenso do plenário levou a que o Presidente da República promulgasse a Lei 1-A/2020 de 19 de março, que determinou a suspensão das ações de despejo quando o arrendatário pudesse ser colocado em situação de fragilidade por falta de habitação própria. Nas semanas seguintes, foram aprovadas moratórias sobre o pagamento das prestações de crédito (Decreto-Lei 10-J/2020 de 26 de março) e das rendas (Lei 4-C/2020 de 6 de abril), que foram sucessivamente prorrogadas até ao segundo semestre de 2021. Por conseguinte, muitas das propostas feitas pelos coletivos mencionados foram vertidas *ipsis litteris* para lei. É relevante notar que as ações de oposição aos despejos foram durante este ano capazes de aproveitar esse instrumento legal, fundamentalmente, revertendo, ainda que temporariamente, as relações com a legalidade características do período anterior.[29]

Neste campo, um outro exemplo relevante é a nomeação pelo governo, em janeiro de 2021, de Mamadou Ba, dirigente da associação SOS Racismo, para o Grupo de Trabalho para a Prevenção e o Combate ao Racismo e à Discriminação. A escolha de um ativista com forte compromisso político levou a fortes críticas das direitas parlamentares (Lusa, 2021), demonstrando mais uma vez a pujança dos movimentos antirracistas nos anos anteriores.

---

[29] Ver https://habita.info/mais-uma-vitoria-contra-os-abusos-dos-senhorios/.

Em perspetiva: crise urbana pós-pandémica e desafios futuros

Neste capítulo, propusemo-nos a olhar para os movimentos urbanos «em tempos de crise» em perspetiva longitudinal, considerando os eventos da última década (grosso modo de 2011 a 2021) bem como numa trajetória genealógica, fazendo uma «história do presente» (Foucault, 1994; Fuggle *et. al.*, 2015) dos conflitos urbanos em Lisboa. As três fases que considerámos – o poderoso, mas curto ciclo de protestos antiausteridade; o mais lento, mas mais enraizado, fortalecimento de vários movimentos nos anos de crescimento económico; as dificuldades e respostas no ano pandémico – mostram, a nosso ver, uma trajetória feita tanto de continuidades quanto de descontinuidades, e de mutáveis interfaces entre os ativismos *stricto sensu* e outros atores. Com avanços e recuos, e processos variáveis de (de-)institucionalização, parece-nos que esta curta história demonstra que algo está a mudar de forma estrutural no panorama da política e do conflito social em Lisboa, seja pela emergência de temas longamente ausentes do debate português (sobretudo a questão do antirracismo), seja pelo novo panorama de organização, de lideranças e de movimentações. Embora limitada à escala urbana – mas com ótimas razões para crer que não seja radicalmente diferente à escala metropolitana – esta história diverge da «inércia» que José Rio Fernandes *et al.* (2020) recentemente atribuíram aos movimentos urbanos em Portugal, sobretudo se atendermos às dinâmicas nas lutas antirracista e pelo direito à habitação e à articulação inovadora que se tem experimentado entre certas plataformas da cidadania participativa e as estruturas da democracia representativa. Aqueles autores defendem que as novas dinâmicas de governança, de participação e de cidadania ativa são frágeis e ainda incipientes, em termos de dimensão e relevância – apesar de uma pujança recente – e ainda têm uma longa evolução para realizar em Portugal, se comparadas com movimentos congéneres noutras cidades europeias. Contudo, gostaríamos de acrescentar que as lógicas participativas em Lisboa revelam que vários coletivos e movimentos participam de forma crescente em mecanismos de decisão e de implementação de políticas públicas, obtendo um certo reconhecimento de outras vozes, que não as da democracia representativa, na causa pública da cogovernação. Sem dúvida que Lisboa não é «o país», mas a mudança de Lisboa pode, a médio prazo, contribuir para mudanças à escala nacional.

Não estamos, no entanto, interessados em romantizar o crescimento e a evolução dos movimentos urbanos. Por isso é importante, nesta conjuntura, olhar para as potencialidades e tensões que emergem da trajetória recente e da conjuntura (pós-) pandémica, pois esses espaços poderão determinar parte da trajetória futura, especialmente num contexto de previsível aprofundamento das desigualdades, de intensificação de modelos de desenvolvimento dependente e com os impactos da crise climática.

Primeiro, como já argumentámos no passado a respeito da habitação (Tulumello, 2019), durante a pandemia tornou-se ainda mais evidente que o ponto mais forte dos movimentos urbanos em Lisboa é a capacidade de articular ações e grupos de cariz diverso e complementar. Os movimentos souberam manter-se dos dois lados do espectro do conflito, mantendo, simultaneamente, o diálogo privilegiado com os atores institucionais, o que poderá talvez explicar a sua pujança política e visibilidade mediática apesar da ausência (com exceções pontuais) de movimentos de massa. Ao mesmo tempo, porém, a diversidade pode implicar um conflito interno – como, de facto, tem vindo a acontecer em certas conjunturas. Será interessante ver se nos próximos tempos os movimentos urbanos conseguirão aprofundar a articulação entre áreas «temáticas», à imagem das que observámos, nos últimos anos, entre os movimentos da habitação e o movimento feminista, e de forma mais incipiente em relação aos movimentos antirracista e climático.

Segundo, nas suas vertentes mais conflituais, os movimentos têm favorecido táticas de cariz eminentemente urbano, no espaço público e nos espaços físicos do poder político e económico.

Podemos observar que ao longo dos anos a resposta institucional vai em parte no sentido do aprofundamento da vigilância. Neste sentido, as normas adotadas no período pandémico geraram contradições que tornam ainda mais difícil prever os próximos tempos: por um lado, poderão levar à criminalização adicional dos protestos no espaço público, como tem acontecido um pouco por todo o mundo (ver Accornero *et. al.*, 2020); por outro, algumas normas, como a suspensão dos despejos, têm sido utilizadas para inverter as relações de poder face ao sistema legal.

Terceiro, na interface mais dialógica com o poder político, registam-se tentativas de articular a luta política com a produção de conhecimento que legitime a mobilização estratégica de alternativas de/para uma outra cidade possível. Neste campo, e pesem embora algumas tentativas de construção de um campo autónomo, o papel dos académicos parece ser central. Sabendo que a relação entre a universidade e o ativismo tem sido desde sempre tão problemática quanto produtiva (ver Alves e Falanga, 2019), a centralidade de investigadores/as e estudantes pode implicar que os próprios movimentos sejam, pelo menos em relação a algumas atividades, parcialmente dependentes de decisões externas – e, por exemplo, potencialmente vulneráveis a pressões pela «despolitização» dos departamentos de ciências sociais, as quais estão a tornar-se muito poderosas em diversos contextos, sobretudo anglófonos, com a ofensiva neoliberal a avançar no mundo académico.

Quarto, a tensão entre agência e estrutura estão desde sempre presentes nas lutas urbanas, pois mesmo as comunidades que promovem a cidadania participativa e a democracia de proximidade não existem fora das determinantes estruturais das formações sociocapitalistas e da reprodução constante das crises (económica, social, política, ambiental – enfim, capitalista). Um exemplo disso, mesmo que menor: uma consequência dos processos de gentrificação é o influxo de jovens adultos transnacionais, que por sua vez intervêm na transformação das próprias realidades ativistas (ver Accornero e Pinto, 2020; Tulumello e Allegretti, 2021, 123-124). Para se oporem aos poderes hegemónicos do capitalismo financeirizado em meio urbano, estes ativistas precisam de uma representação de si mesmos, bem como de meios institucionais que lhes permitam ampliar a sua base social de participação e mobilização (Harvey, 2009).

Finalmente, quinto, a contradição/tensão entre o local e o global, o comunitário e o transnacional, as redes locais e internacionais. Em rigor, trata-se de realçar a passagem de coletivos de uma fase inicial de ações localizadas e espontâneas a uma outra fase caracterizada já por um projeto e um discurso de intervenção global na cidade, de crítica do modelo extrativista dominante, cujo impacto importa confrontar com as condições político-sociais que o envolveram e determinaram. Esta tensão acompanha também a ligação entre lutas urbanas e luta política: a passagem progressiva de uma esfera para outra é o ponto fundamental na dinâmica de transformação em que os movimentos sociais urbanos podem suscitar subjetividades emancipatórias na ordem social dominante produzida pelo neoliberalismo urbano. Esta ligação é função do próprio processo de luta urbana, da clareza do seu programa político, dos agentes que nela intervêm e da sua organização, das formas que tomam os conflitos concretos sobre o qual se debruçam (Harvey, 2012). Este percurso verificou-se recentemente em Lisboa durante o período da covid-19, pois, mesmo considerando todas as frentes (mais radicais ou institucionais) de ação urbana, está-se na presença de lutas que configuram, sob a égide de uma crescente complementaridade na diversidade (Tulumello, 2019), um movimento social, com um alargamento da sua base institucional e social e aprofundamento das dinâmicas, conflitos e tensões entre a participação cidadã e democracia representativa, num racional transescalar (Harvey, 2020).

Como refere Castells (2013), os movimentos sociais urbanos nas/das crises continuarão, de qualquer forma, a lutar, a debater, a evoluir e, eventualmente, a desaparecer, na sua forma atual, tal como todos os movimentos sociais no passado. Por isso mesmo, a única questão relevante para avaliar o real significado de um movimento social é a que se detém na produtividade histórica e social da sua práxis e dos efeitos que esta produziu sobre os seus participantes enquanto pessoas e sociedade que procurou transformar.

Em conclusão, queremos refletir sobre as dimensões estruturais da crise urbana «pós-pandémica» que se anuncia e os desafios a longo prazo que se colocam aos movimentos. Nos primeiros meses de 2020, a «morte da cidade» foi anunciada muitas vezes. Embora os anúncios fossem claramente prematuros, vale a pena refletir sobre as possibilidades de uma reestruturação dos padrões espaciais de desenvolvimento económico e dinâmicas políticas – afinal, o ciclo de «retorno à cidade», reurbanização e gentrificação tem já várias décadas, e a polarização entre cidades «progressistas» e territórios suburbanos e rurais conservadores poderá não ser uma trajetória permanente. É fácil imaginar os impactos possíveis a médio e a longo prazo da pandemia sobre estes padrões, no sentido de novas desconcentrações e reconcentrações – é precisamente enquanto finalizamos este capítulo que começam a surgir notícias sobre um possível novo ciclo imobiliário ligado ao teletrabalho (Soares, 2021).

Face à (potencial) emergência de novas crises, podemos refletir sobre a forma como os movimentos sociais urbanos têm vindo, fundamentalmente, a responder a múltiplas crises, cada uma com a sua temporalidade e as suas implicações – a crise económica e a austeridade, a crise de habitação produzida pelo crescimento económico dependente do imobiliário e do turismo, a crise pandémica, a crise climática com a sua temporalidade a médio-longo prazo e, obviamente, as crises permanentes da violência racial e de género. Foi, ao mesmo tempo, no contexto dessas crises que os movimentos conseguiram impor a sua agenda: veja-se, por exemplo, a crescente centralidade política do tema da habitação nestes meses de saída da emergência pandémica, como especialmente evidente no sucesso do referendo em Berlim, que permite à câmara municipal dessa cidade expropriar os fogos dos grandes proprietários, e que movimentos de muitas cidades, europeias e não só, querem replicar. Nesta conjuntura, é útil refletir sobre a crise como elemento discursivo, como declaração, como julgamento (Mbembe e Roitman, 1995; Roitman, 2014): todas elas têm na sua origem um carácter político (Prozorov, 2020). Neste sentido, podemos pensar os movimentos em Lisboa menos pelo seu estar «em tempos de crise» e mais do ponto de vista da trajetória longa de fim do ciclo capitalista, e a possível transição geográfica do «centro» do sistema económico global fora dos EUA (Harvey, 1989; Arrighi, 1994; 2007).

Numa tal perspetiva, as próprias vagas que apresentamos serão, mais do que respostas a crises sucessivas, saltos progressivos na construção de «movimentos de crise» – uma única crise, ou nenhuma. Num contexto de semiperiferia, como é o português, assistimos a transformações amplas, que, na melhor das hipóteses, os atores «locais» controlam só parcialmente. Precisamos, portanto, de questionar as relações e redes que os movimentos conseguirão construir além das crises pontuais, na construção de visões supranacionais – finalmente, globais – em resposta ao tornar-se global de Lisboa, seja nas dinâmicas de especulação quanto na trajetória pandémica ou das alterações climáticas. Além dos movimentos em tempos de crise, portanto, quebrar as crises, como primeiro passo.

Referências

Accornero G., Harb M., Magalhães A. F., Santos F. G., Semi G., Stein S., e Tulumello S. (2020). «"Stay Home Without a Home": Report from a webinar on the right to housing in Covid-19 lockdown times», *Radical Housing Journal*, 2 (1), pp. 197-201.

Accornero G., Pinto P. R. (2015). «"Mild Mannered"? Protest and Mobilisation in Portugal under Austerity, 2010–2013», *West European Politics*, 38 (3), pp. 491-515.

Accornero, G., Pinto, P. R. (2020). «From the street to the polls and back again. Strategic interactions between social movements and institutional actors in Portugal in and beyond austerity», Lisi, M., Freire, A., e Tsatsanis, E. (orgs.), *Political Representation and Citizenship in Portugal: From Crisis to Renewal?* Lanham: Lexington Books, pp. 45-68.

Almeida, C. M. D. (2020). «Os olhares da imprensa portuguesa sobre o ativismo climático. O caso do jornal *Público*», dissertação de mestrado em

Ecologia Humana e Problemas Sociais Contemporâneos, Universidade Nova de Lisboa, Lisboa. Disponível em: https://run.unl.pt/handle/10362/106337.

Almeida, C. M. (2021). «PSP identifica 14 pessoas durante despejo em Lisboa», *Expresso*, 3 de setembro. Disponível em: https://expresso.pt/sociedade/2021-09-03-PSP-identifica-14-pessoas-durante-despejo-em-Lisboa-1780ee10.

Alves, A., Falanga, R. (2019). «(Des)encontros entre Academia e Política: Conhecimento, Engajamento e Habitação em Portugal», *Cidades, Comunidades e Territórios*, 38, pp. 14-19.

Arampatzi, A. (2017). «Territorialising social movements. Centralisation and dispersal as spatial practices of counter-austerity struggle in Athens, Greece», *City*, 21 (6), pp. 724-736.

Arrighi, G. (1994). *The Long Twentieth Century. Money, Power and the Origins of Our Time*. Londres: Verso.

Arrighi, G. (2007). *Adam Smith in Beijing. Lineages of the Twenty-first Century*. Londres: Verso.

Baumgarten, B. (2013). «Geração à Rasca and beyond: Mobilizations in Portugal after 12 March 2011», *Current Sociology*, 61 (4), pp. 457-473.

Carmo, R.M., Barata, A. (2019). «Portugal: uma social-democracia com futuro?», *Nueva Sociedad*, dezembro, pp. 88-99.

Castells, M. (2013). *Redes de Indignação e Esperança. Movimentos Sociais na Era da Internet*. Lisboa: Fundação Calouste Gulbenkian.

Cocola Gant, A., Gago, A. (2019). «Airbnb, buy-to-let investment and tourism-driven displacement: A case study in Lisbon», *Environment and Planning A*, online first, doi: 10.1177/0308518X19869012.

Cristino, S. (2018). «Estas mulheres ocupam ilegalmente casas municipais de Lisboa por não terem alternativa de habitação», *O Corvo*, 17 de outubro. Disponível em: https://ocorvo.pt/estas-mulheres-ocupam-ilegalmente-casas-municipais-de-lisboa-por-nao-terem-alternativa-de-habitacao/.

Smith, H. (2019). «La lucha por la vivienda en España (2009-2019): Desde la calle a las instituciones», *Revista* INVI, 97, pp. 179-203.

DN/Lusa (2020). «Milhares na rua, em Lisboa e Porto, contra o racismo», *Diário de Notícias*, 6 de junho. Disponível em: https://www.dn.pt/poder/manifestacao-contra-racismo-junta-centenas-nas-ruas-de-lisboa-12285732.html.

Estanque, E. (1999). «Acção colectiva, comunidade e movimentos sociais: para um estudo dos movimentos de protesto público», *Revista Crítica de Ciências Sociais*, 55, pp. 85-111.

Fahra, L. (2017). Report of the Special Rapporteur on Adequate Housing as a Component of the Right to an Adequate Standard of Living, and on the Right to Non-discrimination in this Context Mission to Portugal. Disponível em: http://ap.ohchr.org/documents/dpage_e.aspx?si=A/HRC/34/51/Add.2.

Falanga, R., Tulumello, S., Inch, A., Alves, A. R., Jorge, S., Kühne, J., e Silva, R. (2019). «The "Caravana pelo Direito à Habitação": towards a new movement for housing in Portugal?», *Radical Housing Journal*, 1 (1), pp. 171-187.

Fernandes, J. A. R., Teles, F., Chamusca, P., e Seixas, J. (2020). «The power of the cities and the power in the cities: a multiscale perspective from Portugal», *Boletín de la Asociación de Geógrafos Españoles*, 87 [*online*].

Foucault, M. (1994). «Two lectures», Gordon, C. (org.), Michel *Foucault. Power/Knowledge: Selected Interviews and Other Writings, 1972-1977*. Nova Iorque: Pantheon, pp. 78-108.

Fuggle, S., Lanci, Y., Tazzioli, M. (orgs.) (2015). *Foucault and the History of Our Present*. Basingstoke: Palgrave.

Harvey, D. (1989). *The Condition of Postmodernity. An Enquiry into the Origins of Cultural Change*. Oxford: Blackwell.

Harvey, D. (2009). *Cosmopolitanism and the Geographies of Freedom*. Nova Iorque: Columbia University Press.

Harvey, D. (2012). *Rebel Cities: From the Right to the City to the Urban Revolution*. Londres: Verso.

Harvey, D. (2020). «Anti-capitalist politics in the time of COVID-19», *Jacobin*, 20 de março. Disponível em: https://jacobinmag.com/2020/03/david-harvey-coronavirus-political-economy-disruptions.

Hernandez, E. (2021). «A criação do lar e da casa: a ocupação como produção do espaço habitacional», *Le Monde Diplomatique – Edição Portuguesa*, janeiro.

Lefebvre, H. (1968). *Le Droit à la Ville*. Paris: Anthropos.

Lopes, I. S. (2019). *A Geringonça*. Lisboa: Oficina do Livro.

Lusa (2021). «CDS critica escolha de Mamadou Ba para grupo de trabalho contra racismo», *Política ao Minuto*, 12 de janeiro. Disponível em: www.noticiasaominuto.com/politica/1663675/cds-critica-escolha-de-mamadou-ba-para-grupo-de-trabalho-contra-racismo.

Madden, D., Marcuse, P. (2016). *In Defense of Housing. The Politics of Crisis*. Londres: Verso.

Mbembe, A., Roitman, S. (1995). «Figures of subject in times of crisis», *Public Culture*, 7, pp. 323-353.

Mendes, L. (2017). «Gentrificação turística em Lisboa: neoliberalismo, financeirização e urbanismo austeritário em tempos de pós-crise capitalista 2008-2009», *Cadernos Metrópole*, 39, pp. 479-512.

Mendes, L. (2018). «Gentrification and the new urban social movements in times of post-capitalist crisis and austerity urbanism in Portugal», *Arizona Journal of Hispanic Cultural Studies*, 22, pp. 199-215.

Mendes, L. (2020a). «How can we quarantine without a home? Responses of activism and urban social movements in times of COVID-19 pandemic crisis in Lisbon», *Tijdschrift voor Economische en Sociale Geografie*, 111 (3), pp. 318-332.

Mendes, L. (2020b). «Nova Geração de Políticas de Habitação em Portugal: Contradições entre discursos e práticas no direito à habitação», *Finisterra*, 55 (114), pp. 77-104.

Mendes, L. (2020c). «O Seara e o nexo Estado-Finanças-Imobiliário», *Público*, 26 de junho. Disponível em: www.publico.pt/2020/06/26/opiniao/noticia/seara-nexo-estadofinancasimobiliario-1921941.

Miller, B. (2000). *Geography and Social Movements*. Minneapolis: University of Minnesota Press.

Moreira, C. F. (2020). «Seguranças envolvidos no despejo de prédio em Arroios podem ter "abusado de funções"», *Público*, 12 de junho. Disponível em: www.publico.pt/2020/06/12/local/noticia/segurancas-privados-envolvidos-despejo-arroios-podem-exercido-actividades-estao-vedadas-1920417.

Prozorov, S. (2020). «Foucault and the birth of psychopolitics: Towards a genealogy of crisis governance», *Security Dialogue*, online first, doi: 10.1177/0967010620968345.

Rego, R., Borges, V. (2021). «The transformative role of Angels' cultural organisations under austerity», *Cultural Trends*, online first, doi: 10.1080/09548963.2021.1873702.

Ribeiro, R. E., Leal, C., Afonso, B. (2018). «Casa ocupada em Lisboa ou a utopia do Direito à Habitação», *Fumaça*, 23 de fevereiro. Disponível em: https://fumaca.pt/reportagem-casa-ocupada-em-lisboa-ou-a-utopia-do-direito-a-habitacao/.

Roitman, J. (2014). *Anti-crisis*. Durham: Duke University Press.

Roldão, C., Ba, M., Araújo, M. (2019). «Recolha de dados étnico-raciais nos Censos 2021: um passo à frente no combate ao racismo», *Público*, 16 de abril. Disponível em: www.publico.pt/2019/04/16/sociedade/opiniao/recolha-dados-etnicoraciais-censos-2021-passo-frente-combate-racismo-1869349.

Santos, A. C., Reis, J. (2018). «Portugal: uma semiperiferia reconfigurada», *e-cadernos CES*, 29, pp. 57-76.

Santos, A. C. (org.) (2019). *A Nova Questão da Habitação em Portugal. Uma Abordagem de Economia Política*. Coimbra: Almedina.

Seixas, G., Tulumello, S. e Allegretti, G. (2019). «Lisboa em transição profunda e desequilibrada. Habitação, imobiliário e política urbana no sul da Europa e na era digital», *Cadernos Metrópole*, 44, pp. 221-251.

Seixas, J., Guterres, A. B. (2018). «Political evolution in the Lisbon of the digital era. Fast urban changes, slow institutional restructuring and growing civic pressures», *Urban Research and Practice*, 12 (1), pp. 99-110.

Sistema de Segurança Interna (2018), Relatório Anual de Segurança Interna 2017. Disponível em: www.portugal.gov.pt/pt/gc21/comunicacao/documento?i=relatorio-anual-de-seguranca-interna-2017.

Soares, R. (2021). «Regresso de estrangeiros impulsiona venda de casas e recordes no crédito», *Público*, 31 de maio. Disponível em: www.publico.pt/2021/05/31/economia/noticia/regresso-estrangeiros-impulsiona-venda-casas-recordes-credito-1964595.

Soeiro, J. (2014). «Da Geração à Rasca ao Que se Lixe a Troika. Portugal no novo ciclo internacional de protesto», *Sociologia, Revista da Faculdade de Letras da Universidade do Porto*, 38, pp. 55-79.

Tulumello, S. (2019). «Struggling Against Entrenched Austerity. From the housing crisis toward social movements for housing in post-crisis Lisbon and Portugal», Othengrafen, F., Serraos, K. (orgs.), *Urban Resilience, Changing Economy and Social Trends. Coping with socio-economic consequences of the crisis in Athens, Greece*. Hannover: Leibniz Universität Hannover, pp. 61-79.

Tulumello, S. (2021). «Intervention – The "outdoor" paradox: Public policies and scientific evidence during the Covid-19 pandemic in Portugal», *Antipode Online*, 22 de fevereiro. Disponível em: https://antipodeonline.org/2021/02/22/the-outdoor-paradox/.

Tulumello, S., Allegretti, G. (2021). «Articulating urban change in Southern Europe: Gentrification, touristification and financialisation in Mouraria, Lisbon», *European Urban and Regional Studies*, 28 (2), pp. 111-132.

Tulumello, S., Silva, R. (2019). «A Brief Assessment of the Portuguese Framework Law for Housing / Brève évaluation de la Loi portugaise sur le Logement», *FEANTSA Housing Rights Watch E-newsletter*, dezembro. Disponível em: https://mailchi.mp/c538af88c7b2/housing-rights-watch-e-newsletter-july-2657093.

CAPÍTULO 6

AML: trinta anos, três crises urbanas

Nuno Grande

Por coincidência, escrevo este ensaio no preciso momento em que se publicam os resultados definitivos das eleições autárquicas de 2021. Os analistas desdobram-se em apreciações sobre a inesperada mudança política no governo municipal de Lisboa. A campanha eleitoral decorreu num clima crispado, evidenciando o modo como a urbanidade (ou a falta dela) gerada pela pandemia de covid-19 – em que mergulhámos no início de 2020 – passou a ser tema central da disputa político-partidária.

O debate autárquico em Lisboa transformou-se no palco mediático, quase único, da sua Área Metropolitana, centrando-se em questões como a gentrificação turística, o direito à habitação acessível, a ocupação pedonal do espaço público, a defesa da biodiversidade, da descarbonização e da mobilidade suave, incluindo uma inusitada discussão sobre as ciclovias criadas no centro de Lisboa.

A recente mudança autárquica na capital pode, na verdade, ter tido a sua origem no facto de esse debate político se ter focado quase exclusivamente na última crise urbana, ou na última moda cosmopolita, sem compreender o que se foi herdando e acumulando de crises e tendências precedentes. Este texto pretende ser um pequeno contributo para esse entendimento, olhando de forma breve para as crises urbanas da Área de Metropolitana de Lisboa (AML) ao longo das últimas três décadas e procurando descortinar o momento que atravessamos hoje.

Uma crise de crescimento (1991-2007)

A AML foi formalmente estabelecida em 1991, englobando 18 municípios. Vários foram os entusiastas dessa «instituição metropolitana», tal como a descrevia o urbanista Nuno Portas, poucos anos antes, na Revista *Cadernos Municipais* (Portas, 1987). Portas defendia, então, a criação de um nível político supramunicipal, a escolher por eleição direta, capaz de articular estratégias e redes urbanas. Até hoje, no entanto, as presidências das áreas metropolitanas nunca resultaram do sufrágio popular, mas tão-somente do voto dos seus pares autárquicos.

No início da década de 1990, Lisboa lançava-se numa série de desafios urbanos, alimentados por um claro otimismo político. A meio do seu primeiro mandato, Jorge Sampaio, então presidente do município e primeiro presidente da AML, coordenava com outras entidades estatais uma série de projetos que procuravam colocar a capital portuguesa no mapa da globalização política, económica e cultural. Portugal aderira poucos anos antes à Comunidade Económica Europeia (1986), e o fim da Guerra Fria (1991) gerava então importantes mudanças à escala global. Nesse quadro, as regiões, as metrópoles e, particularmente, as cidades ganhavam uma capacidade de atração muitas vezes superior à dos próprios Estados: veja-se o caso do tão exportado «modelo Barcelona», cunhado a partir da transformação da capital catalã na sua preparação para as Olimpíadas de 1992 (Montante i Martorell, 2012).

A capital portuguesa seguiria de perto esse modelo, não apenas no lançamento do seu Plano Estratégico (também de 1992), como, ao longo dos anos subsequentes, na preparação de grandes eventos urbanos: Lisboa'94, Capital Europeia da Cultura; a Exposição Internacional de Lisboa de 1998 (Expo'98); e a renovação de dois estádios para o campeonato da UEFA de 2004 (Euro 2004). Esse período de grandes eventos – a que chamámos já de «Portugal Eventual» (Grande, 2012) – foi decisivo para o crescimento da relevância de Lisboa no âmbito internacional, mas pouco contribuiu para resolver as «dores de crescimento» urbano que a AML já vinha acumulando. Uma das questões mais marcantes prendia-se então com um incremento demográfico feito à custa de acentuada suburbanização: segundo dados do INE, entre 1991 e 2011 a AML ganhou cerca de 300 mil novos habitantes, saldo que combina um acréscimo de 400 mil na sua coroa periférica com a perda de 100 mil habitantes na capital (Costa, 2017).

Desde a década de 1980 que a suburbanização vinha a ser acompanhada pela progressiva despolitização dos programas públicos – estatais e municipais – de promoção habitacional, a favor da financeirização do sector imobiliário privado, por via do crédito bancário com juros bonificados, como bem mostrou a socióloga Ana Drago. Refere Drago (2019: 301) que a transição para o século XXI expôs «a crescente hegemonia do estatuto de ocupante-proprietário na história democrática», tendo esses ocupantes-proprietários crescido, na AML, de 34%, em 1981, para 67%, em 2011, dados que evidenciam «o peso do crédito à habitação no endividamento das famílias e o impacto que essa dimensão teve na narrativa da dívida que marcou a história política e social do país nos anos mais recentes». Acrescenta ainda a autora que, «entre 1987 e 2011, cerca de ¾ da despesa pública em habitação foi executada no apoio ao crédito à aquisição de casa própria, enquanto a habitação com apoio público pesaria apenas 2% no total do stock habitacional do país, bem abaixo das outras democracias europeias» (Drago, 2019: 302). Como se percebe, e por demissão do próprio Estado (a nível estatal e municipal), os habitantes da AML foram substituindo o seu direito à habitação, inscrito na Constituição de 1976, pelo direito à hipoteca de uma habitação, maioritariamente suburbana.

Este período de «explosão», como lhe chamou o geógrafo João Seixas (2021: 43), não teve o mesmo impacto em toda a AML, quando comparamos a capital com a sua coroa envolvente. À suburbanização das periferias, a gestão de Jorge Sampaio contrapôs a «reurbanização» de áreas antigas ou negligenciadas de Lisboa, suportada, como referimos, em grandes eventos e investimentos intensivos. Em torno de Lisboa'94, Capital Europeia da Cultura, requalificou-se a vida cultural da Lisboa Ocidental, tirando partido da então recente construção do Centro Cultural de Belém (1992), equipamento importante para a dinamização da frente ribeirinha, em articulação com o Mosteiro dos Jerónimos. No eixo Baixa-Chiado, e no prazo de uma década, lançou-se o Plano de Reabilitação da Avenida da Liberdade (1991), reabilitaram-se o Coliseu dos Recreios e o Museu do Chiado (1994), reconstruiram-se as primeiras frentes e ruas sinistradas pelo incêndio do Chiado (1988-1994), mas também os quarteirões e palacetes do Bairro Alto, a partir do Programa «7ª Colina» (1994), o qual marcaria definitivamente a tendência lúdico-turística daquela zona (Grande, 2009).

Jorge Sampaio legou a João Soares, seu sucessor, o projeto de reestruturação urbana da Lisboa Oriental desencadeado pela Exposição Internacional de 1998, cuja organização a cidade ganhara em 1992. Na antiga área industrial e portuária do Cabo Ruivo, entre Lisboa e Loures, os portugueses viram nascer, nesse fim de século, não apenas a Expo'98, mas, logo depois, um «pedaço» de cidade nobilitado por pavilhões temáticos, condomínios residenciais, espaços públicos e áreas verdes (Parque das Nações), por um potente interface de transportes (Gare do Oriente) e por ligações próximas à segunda travessia do Tejo (Ponte Vasco da Gama).

Esse ímpeto no desenho e reequipamento urbano, cada vez mais presente na capital (beneficiando cerca de meio milhão de lisboetas), permaneceu distante de outros eixos de desenvolvimento da AML nos quais vivem mais de 2 milhões de pessoas. João Seixas identifica seis desses eixos: a linha de Sintra, em articulação com o IC19 (abrangendo cerca de 600 mil residentes); a linha de Cascais, em articulação com a A5 (400 mil residentes);

o eixo de Odivelas, Santo António de Cavaleiros e Loures, em articulação com a A8 (300 mil residentes); a linha da Azambuja, em articulação com a A1 (250 mil residentes); a linha ferroviária da Margem Sul, lançada na Ponte 25 de Abril, em 1999, em articulação com as carreiras de barcos para Almada, Seixal e Barreiro e com a A2 até Setúbal (600 mil residentes); e o segundo eixo a sul, inaugurado pela Ponte Vasco da Gama em 1998, abrangendo os territórios de Montijo e de Alcochete (150 mil residentes) (Seixas, 2021: 53-55). Na primeira década do novo milénio, a densificação urbana desses seis vetores de crescimento da AML, assente em planos públicos ou em loteamentos privados, apresentava-se inversamente proporcional à qualidade das suas infraestruturas, dos seus espaços públicos, dos seus transportes coletivos. Veja-se, como exemplo eloquente, a progressiva degradação das estações e do material circulante nas linhas ferroviárias de Sintra e de Cascais, evidenciando a falta de investimento na ferrovia suburbana e interurbana, outra das grandes pechas da democracia portuguesa.

As «dores de crescimento» da AML foram objeto, ainda assim, de alguns «cuidados intensivos» no período entre 1994 e 2008, por aplicação de programas de financiamento da União Europeia, nomeadamente o URBAN Community Initiative, cuja primeira fase decorreu entre 1994 e 1999 e a segunda entre 2000 e 2007, somando em conjunto um investimento de mais de 57 milhões de Euros (Medeiros *et al.*, 2021). Articulados com o Programa Especial de Realojamento (PER), criado em 1993, esses financiamentos foram aplicados em áreas degradadas, cobrindo concelhos como a Amadora (Damaia/Buraca), Loures (Odivelas), Oeiras (Outurela/Portela) e Lisboa (Vale de Alcântara), com especial enfoque na erradicação do estigmatizado bairro de barracas do Casal Ventoso. No entanto, e como escreveu João Seixas, esses programas mantiveram «um modelo muito monofuncional de provimento da habitação social, pela construção de conjuntos de blocos ou mesmo de bairros inteiros. Resolvendo-se finalmente a maioria dos problemas mais básicos de habitação, mas mantendo-se grande parte dos estigmas sociais e espaciais» (Seixas, 2021: 74).

Ao URBAN I e ao PER juntou-se, na transição para o novo milénio, o Programa POLIS, o qual procurava aproveitar o *know-how* obtido no processo de regeneração da área ribeirinha de Cabo Ruivo para a realização da Expo´98 (alargando-o a cerca de 40 cidades do país, por aproveitamento de fundos europeus para a requalificação urbana e ambiental, sobretudo em áreas ribeirinhas (cerca de 1,17 milhões de euros). Segundo estudo realizado no âmbito do ISCTE/Dinâmia CET (Medeiros *et al.*, 2021), o programa POLIS abrangeu, em todo o país, cerca de 73 km de frentes de rio e 15 km de costa marítima, contribuindo para a requalificação de cerca de 1,8 milhões de m^2 de espaços públicos, para a criação ou melhoramento de 5,9 milhões de m^2 de áreas verdes e para o lançamento de 135 km de novos caminhos pedonais e 103 km de ciclovias. Na AML, o Polis requalificou áreas urbanas de grande valor ambiental em Sintra (Cacém), Almada (Costa da Caparica), Setúbal, Moita, Barreiro e Vila Franca de Xira.

Pese embora o alcance destas operações, em todas elas se verificou o mesmo fenómeno pressentido na frente urbana pós-Expo'98: as ações realizadas nas faixas de maior valor paisagístico e imobiliário não catalisaram a requalificação do «hinterland» metropolitano, isto é, o investimento intensivo nas «fachadas urbanas» não motivou um investimento extensivo nos tecidos mais segregados. Simbolicamente, e 25 anos após a realização da EXPO'98, o Parque das Nações mantem-se consentâneo, ainda hoje, com a sua própria designação, como um «parque-enclave» no coração da metrópole.

A crise de crescimento da AML deu-se assim entre três vertentes: (1) a latente suburbanização imobiliária, alimentada pelas hipotecas bancárias de inúmeras famílias entretanto chegadas ao território; (2) um investimento público segmentado, ora em novos alojamentos sociais «guetizados», ora na reurbanização de espaços patrimonial e ambientalmente sensíveis; (3) a organização de grandes projetos e eventos urbanos, importantes para a promoção da «face» de Lisboa no mapa da globalização, mas de pouco efeito na criação de uma equidade metropolitana.

Uma crise de retração (2008-2019)

A partir de 2008, a metrópole lisboeta passou a viver uma outra etapa, paradoxalmente em ciclo e em contraciclo com a agitação do sistema financeiro europeu gerada pela «crise do *subprime*». Esta crise norte-americana, que começou por ser imobiliária e bancária, teve efeitos profundos na Europa, afetando sobretudo o universo financeiro e logo depois as economias dos países e, consequentemente, a gestão das suas dívidas soberanas. Como corolário, em maio de 2011 o Estado português assinaria um Memorando de Resgate Financeiro com o Fundo Monetário Internacional (FMI), o Banco Central Europeu (BCE) e a Comissão Europeia – uma «troika» reguladora da dívida e do investimento público durante os três anos seguintes. Nesses anos da troika, 20% das empresas da AML desapareceram, as insolvências de hipotecas bancárias cresceram 50% e a taxa de desemprego atingiu os 16,1% (em 2013), originando vagas de emigração, inclusive nas camadas sociais de maior escolaridade (Seixas, 2021: 85-86). Segundo dados reunidos na PORDATA, a retração económica e social foi acompanhada, ao longo da década, por um decréscimo demográfico da população residente em Portugal (em média -2%), com especial incidência nas regiões do Norte (-2,7%), do Centro (-4,3%) e do Alentejo (-6,9%), verificando-se ganhos populacionais apenas nas regiões do Algarve (+3,7%) e na AML (+1,7%).[1] Este último crescimento não ocorreu em Lisboa (cidade que perdeu cerca de 4% da sua população entre 2011 e 2019), mas sim em municípios periféricos, como Alcochete, Montijo, Mafra e Sesimbra, com aumentos notáveis à volta dos 30% a 40% de população. Por conseguinte, a segunda década do novo milénio acentuou a atratividade demográfica da AML, e sobretudo dos seus municípios limítrofes, em relação a outras regiões do país, e particularmente em relação ao Norte e à Área Metropolitana do Porto.

---

[1] www.pordata.pt/Portugal/Quadro+Resumo/Portugal-255251 [consulta em outubro de 2021].

O economista José Reis (2020: 6) descreveu essa concentração na metrópole-capital como um modelo «precário e assimétrico», apontando principalmente o facto de este se alicerçar numa força de trabalho com baixos salários, especializada num terciário com reduzida criação de valor e que passou a estar definitivamente dependente de uma população suburbanizada, com todos os custos sociais inerentes, como o da mobilidade pendular intensa. Conclui Reis que «uma das consequências da unipolaridade territorial é o "deslaçamento", com intensidades diferentes, dos territórios urbanos de escala não-metropolitana e dos territórios de baixa densidade, onde é difícil imaginar a consolidação de dinâmicas importantes, dado o efeito destrutivo das perdas populacionais, a que se junta a fragilização do sistema produtivo e uma terciarização excessiva». Deduz-se, portanto, que essa falta de coesão territorial tornou a AML numa espécie de «buraco negro» centrípeto, sorvedor de população e de dinâmicas económicas tão necessárias a outras regiões do país.

Já João Seixas caracteriza a AML dos anos 2010 com base num paradoxo: «a coexistência entre uma tendência e uma necessidade de posicionamento como metrópole cosmopolita, competitiva e globalmente interligada» e «um panorama que apresenta relevantes disparidades e vulnerabilidades internas, com baixos níveis de rendimento para uma larga faixa de famílias e de agentes económicos» (2021: 110). Isto gerou aquilo que o autor designa de «segregação espacial», algo que se afigura como «uma expressão das desigualdades socioeconómicas, mas também como um fator que tende a reproduzi-las e a expandi-las» (*idem*: 111).

Vejamos então como evoluiu esse paradoxo – em ciclo e em contraciclo com a descrita «crise de retração» – a partir dos programas e dos investimentos urbanos realizados em Lisboa e na sua Área Metropolitana entre 2009 e 2019.

No início dessa década, o executivo de António Costa (presidente do município entre 2007 e 2015) lançou «Lisboa, Capital Atlântica da Europa», procurando, entre outros fins, atrair investimentos e residentes estrangeiros para o centro da AML, então já em declínio demográfico. Simultaneamente, promoveu e fez debater a Carta Estratégica de Lisboa (2010-2024), a qual previa um forte investimento na Reabilitação Urbana, transformada então na grande panaceia das políticas públicas urbanas (Salgado, 2021). Nesse processo, regenerou-se o bairro da Mouraria, redesenhou-se a Praça do Comércio, devolvendo-a definitivamente ao peão, e desenvolveu-se o Plano de Salvaguarda da Baixa Pombalina, a qual, após décadas de degradação, se juntaria ao Bairro Alto (da década de 1990) e ao Chiado (dos anos 2000) na atração de investimento privado em alojamentos turísticos. Em 2009, surge o primeiro anúncio de um apartamento turístico na AML (Belém, Lisboa) na então desconhecida plataforma Airbnb, o qual se multiplicará por 25 mil até 2019, sobretudo no mapa da capital. Repentinamente, e no meio da recessão, o «airbnbismo» tornar-se-á, para muitas famílias lisboetas, numa forma de redenção, levando muitas delas a colocar a sua casa nesse negócio pequeno-capitalista (alugando-o ou vendendo-o) e a relocalizar-se em nova área da AML. Outras famílias seriam forçadas, pelos seus ávidos senhorios, a deixar compulsivamente os seus lares.

Como refere João Seixas, o centro da AML «será assim cada vez menos percebido como um local de maior constância, ou de *habitat*, tornando-se gradualmente num território com valor patrimonial, mas sobretudo para visitação, investimento e rentabilização. A população que fica, sobretudo a mais pobre e com menos qualificações, encontrar-se-á numa posição de crescente vulnerabilidade» (2021: 87). Essa combinação alquímica entre a Reabilitação Urbana e o Turismo conduziu, como afirma Seixas, à desvitalização demográfica, comercial e comunitária da Lisboa tradicional.

Outras ações municipais reforçaram essa alquimia económica: o convite às companhias *low-cost* para fixar bases aéreas em Lisboa, a criação do Programa *Lisbon Shopping Destination*, o incentivo municipal ao investimento em hostels e a fixação da *WebSummit* na capital. Estas ações permitiram a Lisboa posicionar-se entre os melhores destinos mundiais e vencer o Prémio Cidade Empreendedora Europeia (2015) e o *World Travel Award* como melhor destino de *city breaks* em 2017, 2018 e 2019 (Salgado, 2021). Entre 2002 e 2013, o Aeroporto de Lisboa teve um acréscimo de 71% de passageiros, só ultrapassado, no mesmo período, pelo porto de Lisboa, com um aumento notável de 167% de turistas chegados por via marítima.[2] Conclusão: no lado mais glamoroso do referido paradoxo, as políticas urbanas, em contraciclo com a crise, tudo fizeram para beneficiar os chamados *city users*, em detrimento dos remanescentes *city tenants*.

No lado menos solar desse paradoxo, e em linha com a retração económica, agravaram-se o deslaçamento territorial e a segregação espacial das áreas mais periféricas da AML, tal como definidas por José Reis e João Seixas. Ainda assim, os já mencionados «cuidados intensivos», suportados por fundos europeus e utilizados nos primeiros anos do milénio, tiveram a sua continuidade na década seguinte, e a estes juntaram-se novos programas de regeneração urbana e social que valerá a pena mencionar.

Refira-se, primeiramente, o caso do Programa POLIS XXI (2007-2013), realizado por parceria entre Estado/autarquias e sector privado, e dirigido, tal como no quadro ambiental do primeiro POLIS, à transformação de frentes ribeirinhas, sobretudo no estuário do Tejo. Apontam-se como exemplos os programas de Requalificação da Ribeira das Naus, em Lisboa; Requalificação da Frente Ribeirinha de Vila Franca de Xira; Revitalização de Almada Velha/Ginjal; Regeneração e Valorização da Frente Ribeirinha do Seixal-Arrentela e Valorização da Frente Ribeirinha da Amora; Regeneração Programada da Área Ribeirinha de Alburrica, no Barreiro; Valorização Integrada da Zona Ribeirinha da Moita/Praia do Rosário; Requalificação e Dinamização da Frente Ribeirinha do Montijo; Valorização da Frente Ribeirinha de Alcochete; Regeneração Urbana do Centro Histórico e Valorização da Zona Ribeirinha de Setúbal; e Valorização da Frente Marítima de Sesimbra (Medeiros *et al*, 2021).

---

2 Câmara Municipal de Lisboa (2014), *Plano de Desenvolvimento Urbano do Município de Lisboa (PEDULx)*. Lisboa: CML, 8.

Outras iniciativas procuraram sair do «cartão postal» ribeirinho e refletir sobre zonas mais deprimidas ou segregadas do «hinterland» da AML. Em 2009, o geógrafo João Ferrão, então secretário de Estado do Ordenamento do Território e Cidades, procedeu ao balanço da iniciativa interministerial «Bairros Críticos», lançada seis anos antes e envolvendo três casos-piloto, dois dos quais na AML: o bairro da Cova da Moura (Amadora) e o bairro do Vale da Amoreira (Moita). Apesar do relativo insucesso da iniciativa, Ferrão afirmava que, «em 2005, o debate na Cova da Moura era se ficava tudo na mesma, ou se se demolia o bairro. Isto dividia as pessoas. (...) Houve uma evolução e hoje deixou de se falar nessa demolição.»[3] Ferrão lembrava o pioneirismo da criação de um diálogo aberto entre as várias entidades e destas com as populações dos bairros mais críticos, alertando para as exigências de futuros financiamentos europeus em torno de «intervenções integradas de desenvolvimento urbano».

Essas intervenções foram gizadas, a partir de 2014, através do ISSUD (Integrated Strategies for Sustainable Urban Development), programa que abrangeu cerca de 750 cidades europeias. Em Portugal, a iniciativa tomou o nome de Programa Estratégico de Desenvolvimento Urbano (PEDU), a ser elaborado por cada município, e onde se incluíam vários outros níveis de intervenção: o Plano de Ação de Regeneração Urbana (PARU), o Plano de Ação Integrado para Comunidades Desfavorecidas (PAICD) e o Plano de Ação de Mobilidade Urbana Sustentável (PAMUS). Desde então, diversas ações foram implementadas em comunidades mais segregadas de Alcochete, Almada, Barreiro, Cascais, Lisboa, Loures, Mafra, Moita, Montijo, Seixal, Oeiras, Sesimbra, Setúbal e Vila Franca de Xira (Medeiros *et al.*, 2021).

---

[3] João Ferrão, secretário de Estado do Ordenamento do Território e Cidades, em entrevista ao *Solidariedade* (Jornal da Confederação Nacional das Instituições de Solidariedade), 24 de maio de 2009. www.solidariedade.pt/site/detalhe/3863 [consulta em outubro de 2021].

Destaca-se, a título de exemplo, o PEDU de Lisboa (aprovado em 2016), o qual apontava para um investimento de mais de 17 mil milhões de euros. Este incluía, entre outros, o Programa de cogovernação BIP/ZIP (Bairros e Zonas de Intervenção Prioritária), criado em 2011 por ação da vereadora Helena Roseta com o objetivo de dinamizar intervenções locais de melhoria dos *habitats* urbanos. Previa-se o apoio a projetos apresentados por juntas de freguesia, associações, coletividades e organizações não governamentais, reforçando a coesão socioterritorial ao nível da empregabilidade, da formação, da saúde e do apoio aos idosos, jovens desempregados e outros grupos vulneráveis.[4]

Os 67 territórios BIP/ZIP representam ainda hoje cerca de 35% da população de Lisboa, o que significa que um em cada três habitantes da cidade reside nesses territórios, facto demonstrativo da assimetria social persistente na capital da AML. Nas dez edições do programa (de 2011 a 2020) foram apoiados 394 projetos, com a participação de mais de 600 organizações, responsáveis pela promoção de 2400 atividades locais. O investimento municipal superou os 15 milhões de euros, catalisando mais 5 milhões de euros provenientes de recursos das próprias organizações presentes nesses territórios.

Em síntese, a crise de retração vivida pela AML na última década teve uma dupla face: (1) serviu de álibi para o lançamento de políticas de promoção económica de Lisboa, levando à acelerada gentrificação turística da cidade e à concentração de investimento público e privado na reabilitação do seu centro tradicional e das suas frentes ribeirinhas; (2) motivou o investimento de avultados fundos na regeneração física e social de territórios mais segregados, embora sem resolver um problema de fundo: a falta de coesão física (ou de «enlaçamento») entre esses territórios. Deste modo, a segunda década do milénio não reverteu os défices acumulados

---

[4] Câmara Municipal de Lisboa, *O Programa BIP/ZIP*. https://bipzip.lisboa.pt/conhece-os-bipzip/programa-bipzip/index.htm [consulta em outubro de 2021].

em duas políticas públicas fulcrais para a vida na metrópole: a qualificação da mobilidade interurbana e a criação de habitação acessível. A pandemia gerada pela covid-19 acrescentou outro tema transversal a estes: a ecologia urbana.

Uma crise de incerteza (2020–)

Escrevo este ensaio no decurso do ano I d.C. (depois-da-COVID) sendo ainda difícil perceber quais serão os impactos duradouros desta crise na sociedade portuguesa. Atentemos, ainda assim, a alguns dados disponibilizados pelo Instituto Nacional de Estatística (INE) sobre 2020: a maior queda do Produto Interno Bruto desde que há registo em Portugal (8,4%); uma quebra de 11,2% nas exportações e de 17,4% nas importações; um crescimento de 7% na taxa de desemprego, e de 22,6% na faixa mais jovem da população (15 a 24 anos); um total de 110 mil empresas em regime de *lay-off,* abrangendo 897 mil trabalhadores; e uma diminuição de 63% na procura turística, sendo esta, como vimos, uma das atividades mais determinantes para a revitalização das economias nas áreas metropolitanas.[5]

No entanto, em 2020/2021 não foram apenas os turistas que deixaram de percorrer as nossas cidades: foram sobretudo os cidadãos que alteraram os seus hábitos em função de confinamentos longos (muitos deles em habitações impreparadas para tal), de novos regimes de teletrabalho (ainda sem legislação adequada) e de restrições impostas pelo Estado no uso dos transportes públicos ou na participação em atividades de maior interação comunitária. Esta alteração do quotidiano urbano gerou incerteza, levando muitos pensadores, decisores e cidadãos a distanciarem-se da ideia de um futuro global em crescimento contínuo – aquela que vinha conduzindo as sociedades contemporâneas há várias décadas –

---

[5] Instituto Nacional de Estatística, *Um ano de pandemia, uma breve síntese* 2020-2021.

para se concentrarem na valorização da proximidade social, da economia circular e do consumo sustentável, não dependente de energias fósseis, isto é, apostando numa ideia integrada de desaceleração, de descarbonização e sobretudo de «desglobalização», há muito defendida pelos movimentos ecologistas. Por conseguinte, e desde o final de 2019, o combate à pandemia e o ativismo climático passaram a «contaminar-se» mutuamente, influenciando as agendas políticas das grandes cidades um pouco por todo o mundo. Ao «urbanismo estratégico», que tanto motivou essas agendas nas últimas décadas, muitos contrapõem hoje um «urbanismo tático», mais fluido e menos etapista, mais reativo do que proativo, mais concentrado num hoje conhecido e não tanto num amanhã imprevisível.

Essa perspetiva tática não é nova: ela nasceu no ideário de uma certa contracultura urbana das décadas de 1960 e 1970, construída de «baixo-para-cima», em prol de uma maior participação dos cidadãos nas decisões políticas das suas cidades, por contraponto ao determinismo da tecnocracia estatal ou municipal. Ela esteve presente, por exemplo, nas ações encabeçadas pela ativista Jane Jacobs (1961) na luta pela manutenção dos bairros operários de Nova Iorque, pelo arquiteto Carlos Nelson Ferreira dos Santos (1981) na defesa das favelas do Rio de Janeiro e, entre nós, pelo urbanista Nuno Portas no lançamento do Serviço de Apoio Ambulatório Local (SAAL), processo de realojamento social participado que marcaria o período revolucionário pós-25 de Abril de 1974 (Grande, 2012b).

Muitos ativistas, pensadores e académicos formados nesse caldo cultural estão hoje no centro de decisões em diversas metrópoles, institucionalizando, de «cima-para-baixo», o que há décadas era visto como um pensamento radical. São disso exemplo os contributos de dois urbanistas: Jan Gehl (2010) com o seu livro-manifesto *Cidades para as pessoas*, uma obra que o levou a tornar-se consultor de diversas agendas urbanas, incluindo a de Lisboa; e Carlos Moreno (2020), com a sua proposta para a «Cidade dos 15 minutos» (2015), apresentada na grande Conferência para o Clima COP21, em Paris, e que viria a ser adotada como manifesto eleitoral pela atual presidente daquele município, Anne Hidalgo.

A crise de incerteza em relação ao futuro das metrópoles tornou-se, por isso, numa crise metodológica e discursiva: devemos planear a longo prazo ou atuar no imediato? Devemos prosseguir com «grandes projetos» infraestruturais, confiando na *expertise* urbanística, ou devemos substituí-los por ações parcelares, do tipo *low-cost*, apoiadas na participação cívica? O urbanismo ecológico, que todos passámos a defender, deve ser eminentemente estratégico ou tático?

Esta dúvida tem estado também presente nas políticas da AML e, entre outros, no Plano Metropolitano de Adaptação às Alterações Climáticas, aprovado em dezembro de 2019. Como refere João Seixas, este documento propõe «planos de regeneração de corredores ecológicos e hidrográficos, no sensível sistema territorial onde a metrópole de Lisboa se situa», incluindo zonas populacionais densas como a Ribeira de Alcântara (Lisboa), a Ribeira do Jamor (ligando os concelhos da Amadora, Sintra e Oeiras) ou a Ribeira das Vinhas (Cascais), projetos estruturantes que de alguma forma retomam «as propostas de estruturas verdes e de corredores ecológicos desenvolvidas nos anos 90 por Gonçalo Ribeiro Telles» (Seixas, 2021: 129-130).

Desde 2012 que o PDM de Lisboa integra o conceito de «corredores verdes», reforçando as suas políticas e ações em prol do ambiente urbano, facto que conduziu à nomeação da cidade como Capital Verde Europeia de 2020. Essa candidatura foi importante para o executivo de Fernando Medina (presidente do município entre 2015 e 2021) e teve como principal mentor o vereador da Estrutura Verde e Energia, José Sá Fernandes. A sua vereação propôs um conjunto de ações estratégicas multiescalares: a despoluição do Tejo; a criação de 300 ha de novos corredores e áreas verdes, articulados com 21 parques hortícolas municipais destinados à produção agrícola pelos próprios cidadãos (cerca 9,5 ha); a duplicação das instalações de estruturas fotovoltaicas para fornecimento energético aos equipamentos municipais; a expansão dos postos de deposição de resíduos recicláveis; o aumento da frota de carros elétricos da autarquia (que é hoje de 91%); a reutilização de 10% da água potável consumida na cidade; a criação de 90 Km de ciclovias e a instalação de mais de 600 bicicletas e trotinetas elétricas partilháveis; e, por fim, a criação do Passe Único da AML, uma importante mudança na mobilidade interurbana que permite aos cidadãos circularem em todos os transportes públicos dos seus 18 municípios com um único título individual ou familiar.[6]

A intervenção no espaço público marcou também os anos de gestão de Medina pela mão de Manuel Salgado, vereador do Urbanismo, que, tal como José Sá Fernandes, transitara do executivo de António Costa. Aproveitando e incentivando o sucesso turístico da capital, Salgado começou por conduzir uma estratégia de nobilitação da frente ribeirinha do Tejo, numa lógica de «grandes projetos» (herdeira de estratégias do tipo Expo'98),[7] articulando as intervenções do Cais do Sodré, da Ribeira das Naus, da Praça do Comércio, do Campo das Cebolas, da Doca da Marinha e do novo Terminal de Cruzeiros e, mais a montante, do Parque Ribeirinho do Oriente com as freguesias de Marvila e do Beato (em processo de gentrificação). No entanto, tomou também consciência da necessidade de intervir de forma cirúrgica no «hinterland» urbano, procurando outras formas de participação cívica e, em alguns casos, de parcerias público-privadas (menos consensuais e não isentas de polémica). Destaca-se, nesse âmbito, o programa «Uma Praça em Cada Bairro», o qual visou «organizar um ponto de encontro da comunidade local, uma microcentralidade», concentrando «atividade e emprego» e privilegiando «os modos suaves de locomoção, marcha a pé, bicicletas e transportes públicos».[8]

---

[6] Câmara Municipal de Lisboa, *Lisboa Capital Verde Europeia*. www.lisboa.pt/capital-verde-2020 [consulta em novembro de 2021].

[7] Manuel Salgado foi coautor do projeto para o Centro Cultural de Belém (inaugurado em 1992) e autor-coordenador do Projeto de Espaços Públicos da Exposição Internacional de Lisboa (1998).

[8] Câmara Municipal de Lisboa, Vereação do Urbanismo, programa *Uma Praça em Cada Bairro*.

Aproximando-se da perspetiva da «acupunctura urbana» defendida por urbanistas como Jan Gehl ou Jaime Lerner, aquela vereação selecionou cerca de 25 espaços estratégicos de Lisboa, neles ensaiando formas de participação da sociedade civil. Pela sua dimensão, posição e multiplicidade funcional, a requalificação da Praça de Espanha – integrando o recente Parque Gonçalo Ribeiro Telles – constitui uma das obras mais simbólicas desse programa, ainda em curso. No Ambiente, como no Urbanismo, as gestões de Sá Fernandes e de Salgado deixam um legado marcado ora por intervenções estruturantes, de escala metropolitana, ora por pequenos projetos à escala do bairro, do peão e do passageiro, ensaiando assim uma forma de urbanismo ecológico algures entre a estratégia e a tática.

A partir do início de 2020, as restrições impostas pela crise pandémica, de forte impacto na mobilidade urbana e no referido clima de incerteza estratégica, desviaram o debate político e mediático para as ocupações táticas dos espaços verdes e dos espaços públicos. De repente, começaram a proliferar, um pouco por todos os municípios da AML, operações do tipo «pop-up», através da apropriação pedonal de ruas, da implementação de esplanadas improvisadas e da criação de faixas para a mobilidade suave (ciclovias), visando, benevolentemente, abrir a «cidade para as pessoas» e incentivar a proximidade da «cidade dos 15 minutos». A esta benevolência juntou-se a consciência ecológica sobre os efeitos das emissões de carbono, sobretudo dos transportes individuais e de mercadorias, em prol da produção e do consumo por reaproveitamento dos recursos locais. A miragem do teletrabalho veio ainda reforçar a aproximação entre o espaço habitacional e o espaço laboral.

De certa forma, a articulação inusitada entre a pandemia e a ecologia começou a mudar a nossa relação com a habitação e com a mobilidade – duas políticas públicas com grandes défices acumulados ao longo de décadas, como atrás referi. Como bem lembra João Seixas, citando dados de um inquérito à mobilidade promovido pelo INE: em 2017, «59% das viagens quotidianas em toda a AML eram feitas em automóvel, 24% em modos suaves (sobretudo a pé, menos de 1% de bicicleta), 1% em motociclo e apenas 16% em transporte público (9% de autocarro, 6% de comboio ou metropolitano, 1% de barco e outros modos). Em termos globais, o inquérito registava um tempo médio de deslocações de 72 minutos por dia» (2021: 131).

O binómio pandemia/ecologia deslocou a nossa atenção para o espaço e para o tempo da proximidade, fazendo-nos esquecer por momentos um dos grandes problemas da AML: a mobilidade pendular entre os diversos municípios, e destes com Lisboa, na qual o transporte coletivo tem ainda um peso reduzido (16%). A «cidade dos 15 minutos» não apaga o problema dessa «metrópole dos 72 minutos», a mesma que alberga hoje mais de 2 milhões de habitantes, grande parte destes contribuintes para o funcionamento quotidiano da capital (que tem apenas meio milhão de residentes).

O futuro da AML terá de passar pelo investimento estratégico nas redes interurbanas de transporte (autocarro, metro, comboio suburbano), pela qualificação do seu material circulante e sobretudo pelo conforto e segurança dos passageiros, como aqueles que viajam muitos quilómetros para atingir o centro, em hora de ponta, e para quem o cosmopolitismo do teletrabalho, o uso das mobilidades suaves e as ações do urbanismo tático não constituem uma alternativa. Pugnar pela «cidade para as pessoas» significa defender também a «metrópole das mobilidades coletivas», na qual o uso individual do automóvel passe a ser minoritário, e de preferência elétrico e partilhado (*eCar sharing*).

Outra política deficitária na AML é, como vimos, a da habitação acessível, em face da acentuada subida dos preços no mercado imobiliário em Portugal. Na última década, o valor médio de uma habitação aumentou cerca de 45% para venda e 22% para arrendamento (EUROSTAT),[9] tendo o valor do salário médio,

---

9 www.ec.europa.eu/eurostat/web/products-eurostat-news/-/ddn-20210408-1?redirect=%2Feurostat%2F [consulta em novembro de 2021].

para o mesmo período, subido apenas 14% (PORDATA).[10] Para muitos habitantes da AML, a taxa de esforço familiar nos encargos com o alojamento já ultrapassou os aconselháveis 30% a 40% do rendimento mensal. Tendo em conta que em 2016 a ocupação habitacional da AML era composta por 67% de proprietários ocupantes, 24% em arrendamento privado, 6% em alojamento social e apenas 3% em arrendamento social (Seixas 2021: 112), conclui-se que a ausência de políticas de habitação estruturantes continua a empurrar os cidadãos da AML para a compra de casa própria, sobretudo em meios suburbanos, alimentando perversamente o sistema de crédito e de endividamento bancários, como Drago (2019) bem mostra.

Ainda assim, e consciente de que este é um direito constitucional, mas também um problema transversal a vários sectores da sociedade, a Secretaria de Estado da Habitação lançou, entre 2018 e 2019, a «Nova Geração de Políticas de Habitação», em articulação com diversos municípios, cujos resultados são ainda difíceis de descortinar. Destacam-se, em particular, o programa «Primeiro Direito», dirigido à resolução das situações de alojamento mais prementes, por promoção de habitação eminentemente pública, e o programa de «Arrendamento Acessível», pensado essencialmente para famílias de classe média baixa, capazes de suportar até 35% da sua renda mensal (taxa de esforço-limite), sendo esta promovida ou parcialmente suportada pelo município em arrendamentos de longa duração, 20% abaixo dos valores de mercado. A escassez do parque habitacional público em Portugal (estimado, como vimos, em 2%, um dos mais baixos da Europa) obriga a que este último programa seja capaz de cativar senhorios privados, algo que se tem revelado difícil em face da grande rentabilidade proporcionada pelo alojamento turístico temporário. A situação alterou-se, no entanto, com o advento da pandemia, estendendo

---

[10] www.pordata.pt/Portugal/Sal%C3%A1rio+m%C3%A9dio+mensal+dos+trabalhadores+por+conta+de+outrem+remunera%C3%A7%C3%A3o+base+e+ganho-857 [consulta em novembro de 2021].

a crise de incerteza aos proprietários urbanos, perante o declínio da procura turística por Portugal (e pela AML em particular).

Os efeitos da pandemia na economia levaram o Conselho Europeu a lançar, em 2020, um novo apoio financeiro: o Next Generation EU, «um instrumento de mitigação do impacto económico e social da crise, contribuindo para assegurar o crescimento sustentável de longo prazo e responder aos desafios da dupla transição climática e digital.»[11] Nesse quadro, Portugal viu aprovado em 2021 o seu Programa de Recuperação e Resiliência (PRR), nele prevendo apoios financeiros da ordem dos 16,6 mil milhões de Euros em três áreas fundamentais: a Transição Digital, a Transição Climática e a Resiliência. No PRR está contemplado financiamento para o reforço e qualificação do parque habitacional público até 2026, num total de 3,3 mil milhões de euros: 1,6 mil milhões a título de subvenções, a inscrever sobretudo no programa «Primeiro Direito» (para 26 mil fogos); 1,15 mil milhões em empréstimos do Instrumento de Recuperação e Resiliência, para a criação de habitação corrente a custos controlados (775 milhões envolvendo o programa de «Arrendamento Acessível») e de alojamento estudantil (375 milhões); e 610 milhões para a melhoria energética do parque habitacional existente.[12]

Num recente congresso internacional organizado pelo ISCTE/Dinâmia CET em fevereiro de 2021, debateram-se os efeitos urbanos do PRR, e nele pude recordar o facto de, ao fim de 35 anos de integração europeia, esta ser a primeira vez que o Conselho Europeu concede apoio financeiro às políticas de habitação dos Estados-membros (ISCTE/DinâmiaCET, 2021: 28). Tal gesto será tanto mais revolucionário quanto mais envolver o *habitat* urbano como um todo, quer ao nível da qualificação do espaço público quer

---

[11] Governo de Portugal, Recuperar Portugal, *Plano de Recuperação e Resiliência*. www.recuperarportugal.gov.pt [consulta em setembro de 2021].

[12] Jornal *Imojuris/ Vida Imobiliária*, «PRR afeta mais de 3 mil milhões de euros à habitação e eficiência energética», publicado em 9-12-2021.

dos espaços habitacionais coletivos. Também por isso esta é uma oportunidade irrepetível, que Portugal não poderá desperdiçar.

No mesmo congresso, o economista Ricardo Paes Mamede expôs um problema estrutural: o PRR prevê a construção de cerca de 26 mil novos fogos até 2026, «num país onde o aparelho técnico do Estado não consegue promover mais do que 130 novos fogos/ano. Isso significará aumentar 40 vezes a promoção habitacional pública, um desafio ciclópico para o qual não se vislumbra ainda qualquer solução política e metodológica» (ISCTE/DinâmiaCET, 2021: 28). Paes Mamede tem razão: Portugal, a AML e os seus 18 municípios estão hoje afundados em lentos processos burocráticos de gestão urbana, de concursamento e contratação, de comunicação e de consulta pública que poderão atrasar a utilização plena desses apoios financeiros e por consequência falhar uma saída sustentada aos efeitos da crise pandémica.

A mais recente crise da AML é assim vivida numa incerteza metodológica entre duas visões: (1) a do «urbanismo tático», por aposta em ações cirúrgicas de promoção municipal e/ou participação cívica, visando a ocupação do espaço público e o reforço das mobilidades suaves, sendo essas ações circunstanciais no tempo e muito limitadas no espaço; (2) e a do «urbanismo estratégico», por aposta em políticas estruturantes de longo prazo, como a da habitação pública (muito deficitária em quadros técnicos especializados, em terrenos públicos disponíveis e em projetos qualificados), mas também a da mobilidade interurbana (marcada por uma débil articulação municipal e institucional).[13] Uma possível solução para a atual crise na AML poderá estar na conjugação crítica e permanente dessas duas visões, aproveitando, de uma, o ativismo do presente e, da outra, a estruturação do futuro. Só o fim da pandemia o dirá.

---

[13] Veja-se, por exemplo, o interminável debate político e técnico sobre o novo Aeroporto de Lisboa, sobre a «amarração» urbana da 3.ª travessia do Tejo, ou sobre o traçado da linha de alta velocidade Lisboa-Porto.

Lisboa no seio da AML: partilhar a experiência

Concluo, tal como comecei, por analisar o debate mediático em torno das eleições municipais em Lisboa neste ano I d.C. Se as diferentes perspetivas políticas em jogo tivessem sido capazes de olhar para a capital no contexto da sua área metropolitana, talvez se tivesse percebido melhor o que foi conquistado ao longo destas três décadas e destas três crises, aquilo que se perdeu e o que importa resgatar ou projetar, aplicando os avultados financiamentos anunciados. Em vez disso, o «presentismo» tático conduziu o debate para dicotomias simplistas da agenda político-partidária: a gentrificação turística *versus* a falta que nos fazem os turistas; a promoção pública do arrendamento acessível *versus* os benefícios fiscais para os senhorios; a escassez de ciclovias *versus* o seu excesso; o reconhecimento da obra feita pelo executivo cessante *versus* a falta de transparência nalguns dos seus processos de execução...

Tem faltado a Lisboa a capacidade de se assumir solidariamente como parte de uma metrópole de crescimento em rede (e já não «em mancha de óleo» como outrora) que inclui territórios-outros, muitos deles emancipados em relação ao centro tradicional. Se a cultura política autárquica tivesse sabido analisar e interpretar sem complexos os trinta anos de experiência partilhada no seio da AML – nas suas faces mais estruturantes e futurantes – talvez o desfecho destas eleições tivesse sido outro. Esperemos, por agora, pela próxima crise metropolitana.

Referências

Costa, E. M. (2017). «Socio-Economia», *Atlas Digital da AML.* Disponível em: www.researchgate.net/project/Atlas-Digital-da-Area-Metropolitana-de-Lisboa-Digital-Atlas-of-Lisbon-Metropolitan-Area (consulta em setembro de 2021).

Drago, A. (2019). *Um país a tornar-se urbano e democrático: a questão urbana na primeira década da democracia portuguesa.* Lisboa: ISCTE-IUL, Tese de doutoramento. Disponível em:http://hdl.handle.net/10071/20495 (consulta em setembro de 2021).

EUROSTAT, European Statistics, *House prices and rents in the EU. Changes between 2010 and fourth quarter 2020.*

Gehl, J. (2010). *Cities for People.* Washington DC: Island Press.

Grande, N. (2009). «Celebrações finisseculares: entre Lisboa '94 e a Expo '98», *Arquitecturas da Cultura: Política, Debate e Espaço. Génese dos Grandes Equipamentos Culturais da Contemporaneidade Portuguesa.* Coimbra: DARQ/FCTUC, Tese de Doutoramento, 500-514. Disponível em: http://hdl.handle.net/10316/11786 (consulta em outubro de 2021).

Grande, N. (2012). «Portugal Eventual: de Lisboa'94 a la Eurocopa 2004. Legado de un decenio de grandes eventos urbanos», *Seminario Internacional sobre Eventos Mundiales y Cambio Urbano*. Sevilha: Universidad de Sevilla, pp. 189-200.

Grande, N. (2012b). *O Ser Urbano. Nos caminhos de Nuno Portas.* Lisboa: INCM.

ISCTE/DinâmiaCET (2021). «Cities in Portugal: between EXPO' 98 and the Recovery Plan for Europe» (Public Debate), *Grand Projects. Urban legacies of the late 20th century* (Conference Proceedings). Lisboa: ISCTE/DinâmiaCET.

Jacobs, J. (1961). *The Death and Life of Great American Cities.* Nova Iorque: Random House.

Medeiros, E., Brandão, A. L., Tormenta Pinto, P., e Lopes, S. S. (2021). «Urban Planning Policies to the Renewal of Riverfront Areas: The Lisbon Metropolis Case», *Sustainability*, 13, 5665. Disponível em: https://doi.org/10.3390/su13105665 (consulta em outubro de 2021).

Montaner i Martorell, J. M. (2012). *Critical files: the Barcelona model, 1973-2004.* Barcelona: Ajuntament de Barcelona.

Moreno, C. (2020). *Droit de cité: de la «ville-monde» à la «ville du quart d'heure».* Paris: L'OBSERVATOIRE.

PORDATA, Base de Dados Portugal Contemporâneo, Fundação Francisco Manuel dos Santos.

Portas, N. (1987). «A Instituição Metropolitana», *Cadernos Municipais*, n.º 40/41, Jan-Abr, 55-59.

Reis, J. (2020). «O território: reorganizar internamente o país depois do modelo unipolar e do deslaçamento territorial», Reis, J. (org.), *Como Reorganizar um País Vulnerável?* Coimbra: Actual, 295-343.

Salgado, M. (2021). «Os últimos vinte anos de Lisboa», *Grand Projects. Urban legacies of the late 20th century*, (Conference Proceedings). Lisboa: ISCTE/DinâmiaCET.

Santos, C. N. F. (1981). *Movimentos Urbanos no Rio de Janeiro.* Rio de Janeiro: Zahar.

Seixas, J. (2021). *Lisboa em Metamorfose.* Lisboa: Fundação Francisco Manuel dos Santos.

CAPÍTULO 7

As múltiplas densidades da pandemia: regressar a Durkheim para uma visão pluridimensional dos territórios

RENATO MIGUEL DO CARMO
Professor associado do ISCTE – Instituto Universitário de Lisboa

Introdução

Passados quase três anos desde o primeiro confinamento, é ainda difícil depreender o impacto da pandemia da covid-19 na sociedade portuguesa, assim como a extensão e profundidade dos seus efeitos. Apesar de já se conhecerem as consequências imediatas no mercado de trabalho e no emprego (Carmo, Tavares e Cândido, 2020; Silva *et al*, 2020), não é ainda possível perceber a real extensão no aumento das desigualdades de rendimento e da pobreza monetária.[1] De qualquer modo, como têm identificado diversos

---

[1] O presente capítulo insere-se nas atividades do projeto de investigação «EmployALL – A crise do emprego e o Estado Social em Portugal: deter a produção de vulnerabilidades sociais e de desigualdades»

estudos publicados recentemente, a pandemia, conjuntamente com o impacto dos confinamentos, agravou muitas das vulnerabilidades preexistentes. Este dado foi particularmente sentido durante o primeiro confinamento, em que os trabalhadores que se encontravam em situações mais precárias em termos contratuais foram bastante afetados, provocando uma vaga imediata de desemprego (Caleiras e Carmo, 2020). Parte significativa destas pessoas trabalhavam em sectores ligados diretamente ou indiretamente ao turismo, que tinha crescido muito nos anos precedentes. Muitos destes casos não tinham, em termos laborais, qualquer enquadramento formal, exercendo as suas atividades sem contrato de trabalho e sem proteção social (Carmo, Caleiras, Roque e Assis, 2021).

Não é por acaso que a região do Algarve foi um dos territórios mais afetados, com o nível de desemprego a aumentar significativamente nos primeiros meses. O mesmo aconteceu com a Área Metropolitana de Lisboa, ainda que com uma amplitude menor. Todavia, o sector do turismo não foi o único a sofrer com a crise pandémica. como refere um estudo publicado pelo Observatório das Desigualdades, em 2020 o desemprego atingiu sobretudo «os trabalhadores não qualificados, os trabalhadores dos serviços pessoais, de proteção, segurança e vendedores, o pessoal administrativo, [mas] também os especialistas das atividades intelectuais e científicas, bem como os trabalhadores qualificados da indústria, construção e artífices» (Tavares, Cândido, Caleiras e Carmo, 2021: iv).

Neste capítulo, propomos uma leitura dos impactos da pandemia nos diferentes contextos territoriais a partir de um exercício reflexivo que pretende retomar conceitos e dualidades clássicas das ciências sociais, sob inspiração de autores como Émile Durkheim, de modo a tomá-los como ponto de partida para uma conceção complexa e multidimensional dos processos socioespaciais. Embora não se trate de uma análise empírica, iremos recorrer a estudos publicados ao longo do período da pandemia.

(referência PTDC/SOC-SOC/30543/2017), financiado pela Fundação para a Ciência e a Tecnologia através de fundos nacionais.

Densidade material e dinâmica

A evolução da crise sanitária e da crise social e económica produzidas pela pandemia da covid-19 teve múltiplas consequências nos sectores de atividade, que se cruzaram com impactos diferenciados em diversos contextos territoriais. Não cabe aqui fazer o historial destes impactos, mas não restam grandes dúvidas de que a propagação do vírus foi revelando vulnerabilidades preexistentes que, entretanto, se agravaram, e destapando fragilidades que emergiram como efeitos diretos da crise. A este respeito, referiremos três exemplos que, em momentos diversos, ilustram o modo como a propagação da pandemia foi atingindo distintamente os territórios.

Nos momentos iniciais, o vírus propagou-se com particular incidência em municípios do noroeste do país que se caracterizam pela presença da atividade industrial. Num estudo elaborado na altura (Caldas, Lamelas e Estevão, 2020), os autores identificaram certa coincidência na representação geográfica entre, por um lado, o mapeamento do número de casos de covid-19 por mil habitantes em 20 de abril de 2020 e, por outro, a configuração da distribuição espacial da proporção de trabalhadores ao serviço das empresas da indústria na população residente em 2018.

De maneira a interpretar esta coincidência, avançam três hipóteses: «a primeira decorre do facto de muitas dessas indústrias serem exportadoras e de existirem (...) fluxos frequentes de pessoas entre as unidades industriais exportadoras e os polos internacionais a que estão ligadas por relações comerciais»; «a segunda, da circunstância de uma parte da indústria transformadora, ao contrário de muitos estabelecimentos dos sectores dos serviços, se ter mantido em laboração ao longo do período de confinamento»; «a terceira, das características de muitos espaços fabris: confinados, mal ventilados e com elevado potencial de contágio» (Caldas, Lamelas e Estevão, 2020: 2-3). Apesar de estas tendências se terem alterado com o aprofundar da crise, este era na altura o quadro. Parece bastante revelador o estudo ter identificado dois tipos distintos de densidade, que associados ajudam a explicar a relação entre a intensidade da atividade industrial e a maior propagação do vírus: a densidade das deslocações e dos fluxos entre pessoas, e a densidade da ocupação dos empregados nos espaços fabris.

O segundo exemplo ocorre no período de desconfinamento, constatando-se, no início do verão de 2020, que a expressão da pandemia não só se caracterizava por uma enorme heterogeneidade, como incidia particularmente sobre um conjunto de 19 freguesias contíguas da Área Metropolitana de Lisboa (AML), que, por este motivo, se mantiveram em estado de calamidade, ao contrário dos restantes territórios da AML. Um estudo publicado pelo INE a 17 julho elabora uma caracterização sociodemográfica e socioeconómica destes territórios, que identifica o cruzamento de dois tipos de densidade: «O território em estado de calamidade apresenta maior densidade de ocupação. A densidade populacional no território em estado de calamidade (5 232,1 habitantes por km^2) é sete vezes superior à do restante território da AML e a proporção de edifícios com 7 ou mais alojamentos é também mais elevada (30,6% *vs.* 13,9%). Os residentes no território em estado de calamidade utilizam mais o transporte público. No território em estado de calamidade a proporção de deslocações com utilização do transporte público para fora do município é 14,0%, mais do dobro do observado no restante território da AML (6,7%)» (INE, 2020: 1).

Estes dados são particularmente elucidativos no sentido de demonstrar uma associação entre, de um lado, a densidade de ocupação do espaço urbano e a tipologia habitacional dominante (mais precária e menos valorizada pelo mercado) e, do outro, a densidade de deslocações pendulares nos transportes públicos de uma população que vive nestas freguesias suburbanas e se move quotidianamente para trabalhar em zonas mais centrais, como a cidade de Lisboa.

O terceiro exemplo atravessou toda a pandemia, e refere-se à propagação do vírus nos lares de idosos, com a multiplicação de surtos, tanto em territórios mais urbanizados como em espaços rurais. Das múltiplas análises que foram surgindo no debate público, identificaram-se, entre outros fatores, duas razões: muitos destes espaços são densamente ocupados, por vezes em condições de habitabilidade precárias e pouco arejadas; são locais de intensa circulação de pessoas (visitantes e familiares, empregados e outros profissionais de apoio, fornecedores de bens e serviços). Também nestes casos se salientou, entre outras causas, o risco acrescido de contágio em função do cruzamento das densidades de ocupação e de circulação.

Por referência breve a estes três exemplos, percebe-se que o conceito de densidade é particularmente importante para melhor se descortinarem as vias de propagação e contágio do vírus e as suas consequências no tecido social e económico. Neste sentido, torna-se pertinente retomar algumas das análises clássicas das ciências sociais, que no virar do século XIX para o século XX refletiam sobre as enormes consequências da industrialização e da urbanização das cidades na (des)organização e reconfiguração dos espaços físicos e sociais. Autores como Ferdinand Tönnies, Friedrich Engels, Georg Simmel ou Émile Durkheim estudaram diferentes dimensões desses processos de transformação, que afetaram particularmente as populações operárias e as mais desfavorecidas. Neste âmbito, retoma-se um texto onde caracterizamos brevemente as duas noções de densidade que Durkheim estabelece para analisar aquilo que define como *meio interno*. «O autor francês considera que determinado *meio interno*, que pode ser um coletivo ou aglomerado populacional específico, se caracteriza pela interdependência entre dois tipos de densidade: a *material* e a *dinâmica*. Muito sinteticamente, podemos dizer que a primeira se define principalmente pelo volume populacional e também físico (por exemplo, a existência de infraestruturas), enquanto a segunda identifica o nível de concentração e interconexão das relações e movimentações sociais» (Carmo, 2011: 46).

Como se depreende dos três exemplos referidos sobre a propagação do vírus da covid-19 em diferentes territórios e aglomerados populacionais, é muito clara a associação que se estabelece entre estes dois tipos de densidade para explicar os níveis elevados de incidência e de contágio. Ou seja, espaços que conjugam maior densidade material (de ocupação) a maior densidade dinâmica (de circulação) tendem a incorporar maiores riscos em relação à propagação da pandemia, tanto em termos sanitários como a nível social.

No entanto, a perspetiva do sociólogo francês pressupunha uma linearidade processual entre estes dois tipos de densidade, no sentido de «uma relação estreita entre a componente morfológica de um dado território (densidade material) e o grau de dinamismo social e espacial, designadamente, de mobilidade. A partir desta definição, facilmente se depreendem as consequências do raciocínio em causa: os espaços de baixa densidade populacional são tendencialmente espaços com menor densidade dinâmica» (Carmo, 2011: 47).

Esta lógica dual, que é muito característica da análise e do pensamento não só de Durkheim como dos autores mencionados anteriormente (e que foi persistindo ao longo de décadas nas ciências sociais), já não se adequa completamente aos processos complexos e multidimensionais das sociedades contemporâneas. Na verdade, alguns territórios pautados por baixa densidade populacional podem até ser caracterizados pelo dinamismo das deslocações e movimentações (Carmo, 2011). Como tem demonstrado diferente literatura, fenómenos relacionados com as migrações transnacionais e as mobilidades espaciais de trabalho podem ocorrer tanto em zonas metropolitanas densamente povoadas, como em espaços rurais de agricultura intensiva, recetores de mão-de-obra proveniente dos mercados globais (Hedberg e Carmo, 2012). A este respeito, podemos relembrar um quarto exemplo bastante debatido na esfera pública a propósito dos surtos pandémicos em territórios rurais, como o de Odemira, marcados por uma agricultura agroindustrial fortemente intensiva que, simultaneamente, recorre à exploração de mão-de-obra imigrante proveniente, na sua maioria, dos países do sudeste asiático. Muitas destas pessoas, além de acumularem trajetos de mobilidade transnacional, residem nestes territórios de baixa densidade em habitações precárias e sobrelotadas, circulando diariamente entre diferentes localidades e explorações agrícolas. Neste caso, as grandes circulações resultantes das migrações combinam-se com pequenas movimentações diárias entre localidades no contexto de um concelho particular.

Isto significa que, por um lado, estamos perante processos não lineares entre densidades materiais e dinâmicas e, por outro, que estes se podem desenvolver integrando simultaneamente diferentes escalas espaciais (do global ao local). Assim, por exemplo, territórios que numa escala mais ampla são habitualmente caracterizados como de baixa densidade (porque são maioritariamente rurais, agrícolas e menos povoados) podem na microescala ser marcados por elevadas densidades de ocupação e de circulação. Por este motivo, devemos olhar para as densidades a partir de uma perspetiva multiescalar. Os impactos diferenciados da pandemia foram destapando múltiplas densidades, tanto nas áreas metropolitanas como em espaços mais periféricos e predominantemente rurais.

De maneira muito sintética, é possível ilustrar como diferentes macro e micro densidades se cruzam e se intercetam numa geometria variável, multidimensional e complexa (ver tabela 1). Na verdade, as situações apresentadas em cada uma das células da tabela referem-se a tipos ideais, tendo uma intenção compreensiva e não exaustiva. Assim, partindo das duas noções de densidade propostas por Durkheim, é possível identificar na macroescala densidades materiais que remetem para grandes aglomerados urbanos e metropolitanos e, simultaneamente, encontrar na microescala densidades materiais inseridas em contextos territoriais muito diversificados. Por exemplo, edifícios em situação de sobrelotação, como muitos lares de idosos ou locais de trabalho com poucas condições de arejamento, podem existir tanto em zonas altamente urbanizadas como em territórios rurais e/ou de industrialização difusa.

O mesmo tipo de raciocínio se adequa às densidades dinâmicas: estas são dominantes nas grandes deslocações e nas movimentações pendulares das áreas metropolitanas, mas também podem ocorrer em pequenos locais para onde incidem múltiplos e intensos movimentos espaciais em quadros de forte interação quotidiana. Estes locais de elevada densidade tanto podem estar inseridos em extensas áreas urbanas, como surgirem em remotas vilas ou aldeias. A microescala interceta-se em inúmeras possibilidades com a macroescala, produzindo diferentes configurações de densidade material e dinâmica.

Tabela 1
Cruzamento entre macro e micro densidades

	Macroescala	**Microescala**
Densidade material	Grandes aglomerados metropolitanos	Pequenos aglomerados locais
Densidade dinâmica	Circulações transnacionais, deslocações pendulares metropolitanas (transportes coletivos)	Movimentos e interações locais e quotidianas

Vulnerabilidades e políticas

A análise das diferentes formas de densidade é fundamental para se entender como estas podem ter propiciado uma maior propagação do vírus da covid-19 e um maior impacto na vida das comunidades; contudo, ela não é suficiente para identificar as maiores ou menores fragilidades dos territórios em relação aos embates provocados pelas diferentes crises (sanitárias e socioeconómicas). Por isso, é necessário perceber até que ponto distintas densidades (materiais e dinâmicas) desencadeiam diferentes tipos de vulnerabilidade. O conceito de vulnerabilidade não se resume a uma dimensão única ou a um conjunto restrito de indicadores. Um estudo recentemente publicado propôs-se operacionalizar a vulnerabilidade em três dimensões: *suscetibilidade*, *exposição* e *cobertura* (Caldas, Silva e Cantante, 2020)[2].

---

[2] Esta análise foi desenvolvida no âmbito do projeto EmployALL envolvendo um estudo mais aprofundado sobre vulnerabilidades territoriais, pandemia e (des)emprego, realizado por João Ferrão, Hugo Pinto, José Castro Caldas e Renato Miguel do Carmo (ver em: https://vulnerabilidades-territoriais.datalabor.pt/).

A suscetibilidade remete para as capacidades incorporadas dos territórios para enfrentarem no tecido social e económico as situações de crise que se prolongam por um horizonte temporal considerável. A este respeito, a estrutura e a qualidade do emprego, a desigualdade na distribuição salarial e a robustez ou fragilidade do tecido empresarial são, entre outros, elementos identificativos de maior ou menor suscetibilidade a determinados embates, que apesar de conjunturais podem estender-se ao longo de anos.

A exposição refere-se sobretudo a dinâmicas económicas e financeiras, medindo a abertura e a dependência da economia a fluxos externos de bens e serviços, sob a forma de importações e exportações. A abertura pode representar um fator de vulnerabilidade, no contexto de uma possível recessão sincronizada que rompa as cadeias de abastecimento e de comercialização globais que, a prazo, afete a procura externa de bens e serviços (Caldas, Silva e Cantante, 2020: 41).

Finalmente, a cobertura tem a ver com a capacidade das instituições para implementarem políticas e respostas abrangentes e de âmbito territorial que sejam capazes de mitigar as vulnerabilidades sociais. São exemplos de coberturas as leis laborais e a regulação do mercado de trabalho, o acesso à proteção e segurança social, assim como aos sistemas públicos de educação e de saúde.

Esta conceção e operacionalização multidimensional do conceito de vulnerabilidade permite uma identificação mais fina das debilidades sociais e económicas dos territórios. Desde logo, é possível identificar intensidades e gradações de vulnerabilidade, e assim saber quais as debilidades mais vincadas que afetam determinadas geografias. Por exemplo, territórios pouco expostos à economia global podem ter níveis de cobertura limitados e insuficientes, ao passo que territórios menos cobertos pelas instituições públicas podem apresentar um elevado dinamismo nas atividades económicas e produtivas.

Trata-se, portanto, de uma matriz tridimensional, que permite sinalizar fragilidades incorporadas e riscos potenciais face a futuras crises (sociais, económicas, ambientais, etc.). Do ponto de vista das políticas, estes embates poderão ser devidamente antecipados, permitindo prever a tempo as formas de atuação mais passíveis de mitigar as diferentes vulnerabilidades. Esta matriz tornar-se-ia ainda mais complexa, mas, simultaneamente, mais potente se pudesse cruzar as densidades existentes nas diferentes escalas territoriais com o tipo e a intensidade processual resultante da produção das diversas vulnerabilidades.

Há muito tempo que as tradicionais dualidades socioespaciais se tornaram insuficientes para interpretar disparidades geográficas e dinâmicas territoriais múltiplas. Isso não significa que as visões clássicas tenham perdido pertinência e operatividade; os impactos diferenciados da recente crise pandémica demonstram que as antigas polaridades não desapareceram nem perderam significância. Muitas vezes elas reemergem com novas roupagens e configurações difíceis de balizar e de categorizar. Num contexto de globalização, em que as redes, as ligações sociais e as transações económicas tendem crescentemente a desmaterializar-se e a descontextualizar-se dos territórios, não deixa de ser curioso que o conceito de densidade (material e dinâmica) ressurja como incontornável na análise dos processos de propagação do vírus e dos seus impactos na sociedade e na economia.

Por este motivo, é fundamental que o campo de conceção e intervenção das políticas públicas enquadre e incorpore essa complexidade analítica, de modo a monitorizar a heterogeneidade dos processos sociais e das dinâmicas territoriais. Isto requer, entre outras coisas, maior sofisticação dos procedimentos de levantamento, processamento e análise de um conjunto extenso de dados estatísticos (e também qualitativos), que seja capaz de operacionalizar modelos concetuais multidimensionais. A construção de uma matriz complexa de indicadores, que cruze os diferentes tipos de densidade material e dinâmica, nas escalas onde seja possível e pertinente levantar informação, com os fatores de suscetibilidade, exposição e cobertura a nível territorial, é uma empreitada necessária para conhecermos de forma mais robusta as múltiplas configurações sociais e espaciais das desigualdades e das vulnerabilidades em Portugal.

Referências

Caldas, J. C., Silva, A. A., e Cantante, F. (2020). *As Consequências Socioeconómicas da COVID-19 e a sua Desigual Distribuição*. Colabor Ebooks.

Caldas, J. C., Lamelas, F., e Estêvão, P. (2020). «Regresso ao trabalho? Participação dos trabalhadores na prevenção da COVID-19 nos locais de trabalho», *Políticas em Análise*, 4, Lisboa, Colabor Ebooks.

Caleiras, J., e Carmo, R. M. (2020). *O Regresso do Desemprego Massivo?* Estudos Colabor, n.º 1. Lisboa, Colabor Ebooks.

Carmo, R. M., Caleiras, J., Roque, I., e Vieira de Assis, R. (2021). *O Trabalho Aqui e Agora: Crises, Percursos e Vulnerabilidades*, Lisboa, Tinta-da-China.

Carmo, R. M., Tavares, I., e Cândido, A. F. (orgs.) (2020). *Um Olhar Sociológico sobre a Crise Covid-19 em Livro*, Lisboa, Observatório das Desigualdades, CIES-ISCTE. Disponível em: https://www.observatorio-das-desigualdades.com/2020/11/29/umolharsociologicosobreacovid19emlivro/.

Carmo, R. M. (org.) (2011). *Entre as Cidades e a Serra: Mobilidades, Capital Social e Associativismo no Interior Algarvio*, Lisboa, Mundos Sociais.

INE (2020). *Indicadores de contexto e de impacto socioeconómico da pandemia COVID-19 em Portugal*, Destaque de informação à comunicação social – 17 de julho de 2020, Instituto Nacional de Estatística.

Hedberg, C., e Carmo, R. M. (eds.) (2012). *Translocal ruralism: Mobility and connectivity in European Rural Spaces*, Londres, Springer.

Silva, P. A., Carmo, R. M., Cantante, F., Mendes Cruz, C., Estêvão, P., Manso, L., Santos Pereira, T., e Lamelas, F. (2020). Trabalho e desigualdades no Grande Confinamento (II) (Estudos Colabor, n.º 2/2020). Colabor Ebooks.

Tavares, I., Cândido, A. F., Caleiras, J., e Carmo, R. M. (2021). *Desemprego em 2020. Impactos da pandemia, mapeamentos e reflexões*, Lisboa, Observatório das Desigualdades, CIES-ISCTE.

Sobre os autores

Ana Cordeiro Santos é licenciada em Economia e doutorada em Filosofia e Economia, é investigadora do Centro de Estudos Sociais da Universidade de Coimbra. Os seus principais interesses de investigação são: economia política, financeirização, habitação e desigualdades sociais.

Ana Drago é socióloga e doutorada em Estudos Urbanos. Tem publicado trabalhos em colectâneas portuguesas e revistas internacionais sobre a relação entre politização e processo urbano, políticas de habitação e efeitos da financeirização da cidade em Portugal após a grande crise financeira de 2008.

Catarina Frade é licenciada em Direito e doutorada em Economia, é docente da Faculdade de Economia da UC e investigadora do Centro de Estudos Sociais. Os seus principais interesses de investigação são: consumo, endividamento e sobreendividamento das famílias; restruturação de empresas e insolvência; elaboração e avaliação de políticas públicas de justiça.

José Castro Caldas é economista, mestre pelo ISEG-UTL e doutorado em Economia pelo ISCTE-IUL. Atualmente aposentado, foi anteriormente professor do ISCT-UTL, investigador no Centro de Estudos Sociais da Universidade de Coimbra e mais recentemente no Laboratório Colaborativo para o Trabalho o Emprego e a Proteção Social (CoLABOR).

João Ramos de Almeida é membro do Observatório sobre crises e alternativas do centro de estudos sociais. Tem-se dedicado ao estudo da economia portuguesa, sobretudo nas áreas do emprego, segurança social e políticas laborais.

José Reis é Professor Catedrático da Faculdade de Economia da Universidade de Coimbra e Investigador do Centro de Estudos Sociais. Estuda a economia portuguesa e a europeia, o território, o Estado e as políticas públicas e adota uma perspetiva de Economia Política institucionalista.

Luís Mendes é geógrafo, Professor Assistente Convidado no Instituto de Geografia e Ordenamento do Território da Universidade de Lisboa, na Escola Superior de Educação de Lisboa e na Faculdade de Arquitectura da Universidade Técnica de Lisboa. Desde 2003, é Investigador Permanente no Centro de Estudos Geográficos da Universidade de Lisboa (CEG/UL), onde tem desenvolvido investigação nos domínios dos Estudos Urbanos e da Didática da Geografia. Consultor técnico e científico em diversos organismos públicos e políticos. É autor de diversos artigos, capítulos de livros, pareceres, comunicações, relatórios científicos e outras publicações na área dos temas de investigação acima citados. É dirigente associativo há 25 anos. Desenvolveu também nos últimos cinco anos trabalho como activista no movimento *Morar em Lisboa*.

Nuno Grande é arquiteto, crítico, curador e Professor Associado da Universidade de Coimbra (DARQ/UC). Licenciado pela Universidade do Porto (FAUP, 1992) e doutorado pela Universidade de Coimbra (2009), onde é investigador do Centro de Estudos Sociais (CES). É coordenador do CoimbraStudio - Programa de Doutoramento em Arquitetura da Universidade de Coimbra. É autor de numerosos livros e artigos publicados sobre Cultura Urbana e Arquitetura Portuguesa, dentro e fora de Portugal.

Nuno Teles é licenciado e doutorado em Economia, é professor na Faculdade de Economia da Universidade Federal da Bahia. Os seus interesses de pesquisa são financeirização da economia, economia política e desenvolvimento.

Raquel Ribeiro é RS doutorada em Psicologia e mestre em Psicologia Social pela Universidade do Porto, é investigadora do Centro de Estudos Sociais da Universidade de Coimbra. Interessa-se pelo estudo dos impactos psicossociais, desigualdades socio-territoriais e justiça social dos processos económico-financeiros; do modo como as representações sociais orientam a ação individual e coletiva e pelos processos de construção de políticas promotoras de inclusão, justiça social e não discriminação.

Renato Miguel do Carmo é professor associado do departamento de Sociologia do Iscte – Instituto Universitário de Lisboa e investigador no Centro de Investigação e Estudos de Sociologia (CIES-Iscte). É diretor do Observatório das Desigualdades e coordenador científico do CoLABOR. Publicou, enquanto autor ou organizador, cerca de trinta livros, escreve regularmente artigos em revistas nacionais e internacionais e já recebeu vários prémios científicos. Os seus projetos e investigações versam as temáticas das desigualdades sociais e territoriais, precariedade laboral, desemprego, Estado social, políticas públicas, mobilidades espaciais e capital social.

Simone Tulumello é investigador auxiliar em geografia no Instituto de Ciências Sociais da Universidade de Lisboa. A sua investigação debruça-se à fronteira entre estudos urbanos críticos, geografia humana, economia política e planeamento urbano, com interesse pelos contextos semiperiféricos (especialmente Sul da Europa e Sul dos EUA). É autor de *Fear, Space and Urban Planning*

(2017, Springer), enquanto está a trabalhar na segunda monografia, com Andrea Pavoni, *Urban Violence: Ontology, Materiality, Epistemology*, sob contrato com Lexington.